נִקְמַת יִשְׂרָאֵל

La Vengeance d'Israel.

נקמת ישראל

הרב !

הרב הוחדה וגם מרוטה

לנקום נקמת ר' ישראל בהנזיר

מאת צרפתי המגדף

אשר גדפו בדה״י אשר לאדון ב ל אַ נ ק

בכתבו מן סוף אַוְרִיל 1839

שלפה מגנה

משה ישראל בידינגן

מלמד לה״ק

הֶעתק אל לשון צרפת

מאתי ★

LA VENGEANCE D'ISRAEL.

GUERRE !

GUERRE OUVERTE ET A OUTRANCE,

Pour venger les mânes de Rabbi Israel-Cohèn-Hhézir,

contre Tsarphati le diffamateur,

qui l'a outragé dans le *Courrier de la Moselle*

(Numéro du 7 mai 1839).

GUERRE DÉCLARÉE

Par Moïse-Israel BIDING,

PROFESSEUR D'HÉBREU.

TRADUIT DE L'HÉBREU PAR L.-*****.

A METZ,

Chez l'AUTEUR, rue de l'Arsenal, 31.
Et chez O. A. LEVY, Libraire, rue des Clercs, 7.

A PARIS,

Chez A. CREHANGE, rue Meslay, 41.

FIN D'AVRIL 1840.

AVERTISSEMENT.

L'article auquel nous répondons a été écrit *fin d'avril* 1839 ; la présente brochure est publiée *fin d'avril* 1840. Cette coïncidence n'est pas fortuite. Nous avons voulu que la date de la réparation correspondît à la date de l'offense ; que la même époque de l'année qui avait retenti des *pitoyables* accents de l'oraison funèbre, entendît aussi les paroles joyeuses de la consolation. — Ceci explique le retard apporté à cette publication. Quant au texte hébreu, des circonstances particulières nous défendent en ce moment de le livrer à la presse. En attendant, ceux qui tiendraient à lire cet opuscule dans l'original, soit pour vérifier l'exactitude de la traduction, soit pour mieux apprécier, sous sa physionomie orientale, un genre de polémique assez neuf dans la langue sainte, ceux-là sont priés de vouloir bien nous honorer de leur visite, à l'adresse ci-contre. Nous nous en trouverons très-flatté, et nous nous empresserons de les satisfaire.

L'Auteur.

IMP. DE HUMBERT, A METZ.

PRÉLIMINAIRES.

§. Ier. — *PUISSANCE DU NOM; CONSÉQUENCES DE CETTE VÉRITÉ.*

I. La faculté de désigner par des *noms* tous les êtres créés, soit en masse, soit en détail, est un des plus insignes priviléges que le Créateur ait départis à notre intelligence. Aussi, parmi les éléments du langage, le *nom* a toujours occupé le premier rang. Par le nom, en effet, sont classés et déterminés tous les êtres de la nature, particuliers ou généraux, substances ou modes, avec leurs accidents divers; par le nom, accompagné d'un petit nombre d'éléments, chaque pensée a son expression, chaque phase intellectuelle son exacte analyse; et l'univers tout entier, c'est-à-dire tout ce qui s'accomplit dans le temps et dans l'espace, se trouve reproduit par le langage.

II. Et qu'on ne s'imagine pas que cette faculté soit due aux élaborations de l'esprit humain. Les dénominations primitives émanent de la Divinité. La Lumière (*Or*), les Ténèbres (*Hhôschech*), l'Étendue (*Râqiah*), la Terre (*Yabbâschah*), les Mers (*Yammim*), enfin l'Homme (*Adam'*), chef-d'œuvre de la création, furent nommés par le Créateur lui-même. Et alors surgit dans Adam' la faculté sublime de nommer à son tour les collections et les individus, les espèces et les genres.

III. Ainsi procédèrent les siècles; ainsi se formèrent les langues; ainsi furent distingués — les mers et les fleuves, — les étangs et les lacs, — les forêts et les déserts, — les collines et les montagnes; contrées, villes et villages, bourgs et bourgades, reçurent les noms qui leur convenaient, et au gré des hommes qui les leur imposèrent. L'homme lui-même, sous ses différents aspects de sexe, d'âge, de fortune, de facultés corporelles et intellectuelles, reçut sa désignation propre et spéciale. Mœurs et occupations, qualités et caractère, chaque détail de la vie eut son blason d'honneur ou son stigmate de flétrissure.

IV. Si nous mettons en parallèle la puissance du *nom* avec celle de la *chose*, de la substance nommée, nous trouverons la première incomparablement supérieure à la seconde. La chose est restreinte en un lieu, le nom vole aux extrémités de l'espace; la chose dure un temps limité, le nom se perpétue à travers les âges.

V. Telle est aussi, pour l'homme, la valeur du nom individuel, que chacun aime celui qu'il porte, et veille sur lui avec sollicitude, comme un père sur un fils chéri. Quiconque n'est pas dépourvu de sentiment, quiconque apprécie la dignité sociale, s'afflige de la moindre déconsidération qui s'attache à son nom, et n'est pas moins sensible au charme de la louange, quel qu'en soit le degré, quel que soit le mérite de celui qui la donne. Quand Absalon défigura par un sobriquet le nom de son frère (*a*), il avait déjà l'arrière-pensée de l'immoler. Un insolent valet, rapporte la tradition, avait modifié d'une manière outrageante le nom de son maître : il mourut de mort subite.

(*a*) *Aminon* pour *Amnon*. Voir la Bible. (*Note du traducteur.*)

VI. Il suit de là que nous devons nous abstenir scrupuleusement, en énonçant le nom d'un homme quel qu'il soit, de lui faire subir un changement ou une altération quelconque, sauf l'autorisation formelle de celui qui le porte.

VII. Et ce n'est pas seulement le nom des vivants qui a droit à nos égards ; la prévoyance de nos ancêtres s'est étendue jusqu'aux morts.

Le nom du mort, perpétué après lui dans la personne des survivants qui lui ont touché de plus près, atteste le saint respect dont nous entourons sa mémoire.

Les premiers documents en subsistent dans le Pentateuque, aux paragraphes du *Lévirat,* des *Successions,* des *filles de Tselaph'hhad* (a), et dans le livre de Ruth.

VIII. A ce principe se rattache, parmi nous, l'antique usage de mentionner, par une commémoration publique, aux époques solennelles, les noms des Justes que chaque génération a vus naître et mourir. Par là est consacré le souvenir de la vertu bienfaisante ; par là, des noms vénérés rehaussent l'éclat de nos cérémonies ; par là enfin, s'accomplit la parole du Psalmiste : « La mémoire du Juste sera éternelle. »

IX. D'un autre côté, citer le nom d'un mort d'une manière dérisoire ou injurieuse, est considéré par nous comme un acte infâme. Eût-il été, pendant sa vie, indigne d'égards ou de respects, il a payé son tribut à la mort, — la mort l'a rendu sacré. A celui qui ose attenter à la tombe par des paroles outrageantes, on lui crie : « Silence ! le Sage a dit : Insulter à l'homme sans défense, c'est s'attaquer à Dieu ! » (b). Et celui

---

(a) Que la Vulgate appelle *Salphaad* (*Note du trad.*) — (b) Prov.

qui, poussant plus loin l'audace, déverse le ridicule et le mépris sur le nom du Juste qui dort dans la poussière, on le terrasse avec cette parole (a) : « Qu'elle se paralyse, la bouche menteuse qui calomnie le Juste et qui livre son nom au ridicule !.... »

X. Toutes les prérogatives attachées à la paternité, tous les témoignages de respect, de déférence, de docilité, que notre Loi impose au fils à l'égard de son père, le maître a également droit à les attendre de l'élève. L'origine, la nature, les corollaires de ces devoirs, appliqués aux pères, aux maîtres, aux vieillards, aux magistrats, au souverain, sont développés amplement dans l'ouvrage de Maïmonide ; ils font d'ailleurs partie des connaissances élémentaires de la Religion. Enfin, pour donner à ce principe toute son extension, nos Sages ont voulu que la supériorité de science ou de lumières eût également droit à nos hommages ; et ils ont dit (b) : « Celui qui a appris quelque chose d'un autre homme, fût-ce une lettre de l'alphabet, est tenu de l'honorer. »

§. II. — *Fait.*

XI. Un homme vivait dans notre ville au siècle dernier ; il avait nom *Rabbi Israel Cohèn Hhézir*. La communauté des Juifs de Metz accordait une estime méritée à ses excellentes qualités morales, à sa modestie, à sa simplicité ; plein d'urbanité et de bonhomie, sa parole était douce et bienveillante avec tous. Il enseignait le catéchisme aux enfants. Comme il joignait au caractère le plus respectable une sociabilité parfaite ; comme il avait les qualités qui font le bon

---

(a) Psaumes. — (b) Traité Aboth.

maître, sang-froid, patience, habileté à deviner les goûts de chaque enfant et à leur donner une direction convenable, l'Administration mit le nom de Hhêzir en tête de ceux des instituteurs rétribués par la Synagogue. Mais la tourmente révolutionnaire anéantit les écoles religieuses que possédait notre communauté. Un citoyen généreux, M. Lion Cahen, de Forbach, manda chez lui R. Israel, lui prodigua son affection et ses bienfaits, et lui assura une existence tranquille en subvenant à tous ses besoins. « Bénédiction à la mémoire des Justes ! (a) »

XII. Or, R. Israel se félicitait particulièrement de porter le nom de Hhêzir : c'était un nom patronymique, celui du chef de sa famille. Hhêzir était un des 24 chefs des familles pontificales, qui furent classées au sort sous le règne de David, pour desservir le Temple à tour de rôle; le 17e tour lui appartenait (b). — La coutume d'assigner à la famille pour nom patronymique le nom individuel du membre le plus illustre; cette coutume, disons-nous, est immémoriale chez les Juifs. Telle est l'origine des Yehhia, des Schanzo, des Ban'bénischta, des Avas, des Tavas, des Zay, des Izay, des Abrabanel, des Goudso, et d'une foule d'autres. Du temps de R. Israel et antérieurement, on a connu quatre membres de la même famille également désignés par le nom de Hhêzir : c'étaient MM. Jacob, Lazard, Goudchaux et Alexandre; tous *Cohen*, et tous rapportant leur généalogie à Hhêzir, souche de la famille.

XIII. Cet usage est consacré par l'Écriture-Sainte : les Parci (famille de Péreç), les Zarhhi (famille de

---

(a) Imité d'un passage des Proverbes. (*Note du trad.*)
(b) Voir le Ier livre des Chroniques. (*Idem.*)

Zérahh), les Ghilhadi (famille de Ghilhad), les Abi-Haezri (famille d'Abiézer), et mille autres, en font foi. Enfin, un grand nombre de familles ont, comme celle de Hhézir, emprunté leurs noms à des souches pontificales : les Yeschébab, les Yehhezkel, les Bilgah, etc., tous énumérés dans le livre des Chroniques.

***

XIV. Dans un des numéros d'une feuille de Metz (*a*), un écrivain pseudonyme, *Tsarphati*, a inséré un article renfermant l'annonce et le préambule d'un éloge funèbre de Moïse Ensheim, mort à Bayonne. A la vue de cette annonce, ceux qui savent que Tsarphati n'a jamais dit du bien de personne, ne purent d'abord se défendre d'un mouvement de surprise.

XV. Mais après la lecture de quelques alinéa, on sut bientôt à quoi s'en tenir. Ici, encore, fidèle à son odieux système, le pseudonyme exhale les injures et les paroles haineuses, et soulève l'indignation du lecteur honnête. A peine a-t-il entamé l'éloge d'Ensheim, que sa bouche, impatiente de médire, déverse tout le fiel de la calomnie sur la mémoire du vénérable *Israel*, d'un homme vertueux entre tous ses co-religionnaires, chéri et respecté de tous.

XVI. Qui n'aurait connu ni R. Israel, ni Ensheim, ne serait-il pas tenté de croire que Tsarphati a reçu de ce dernier la mission, l'ordre formel de flétrir publiquement le nom de l'autre? Ne dirait-on pas qu'Ensheim mourant exprima ainsi à son disciple sa volonté dernière: « Tsarphati, ô mon bien-aimé! paie un tribut funèbre à ma mémoire dans Metz, ma ville natale; mais, je t'en conjure, garde-toi bien d'ac-

***

(*a*) Courrier de la Moselle, 7 mai 1839.

corder à mon nom aucun éloge, avant d'avoir épan-
ché à grands flots l'injure sur les mânes d'un juste,
de R. Israel qui fut mon ami ! »

XVII. Or, en est-il ainsi, Tsarphati ? Moi qui trace
ces lignes, j'ai connu également ces deux hommes :
R. Israel par les liens du sang qui nous unissaient ;
Ensheim par les relations intimes qu'il eut avec M.
Bernard Zay, mon beau-père. Tous les jours, une
société d'Israélites les plus recommandables par leur
instruction se réunissait une heure ou deux dans la
maison de mon beau - père, pour se livrer à des
entretiens intéressants où chacun trouvait plaisir et
profit. Dans ce cercle d'élus, R. Israel et Ensheim
occupaient les places d'honneur ; l'un et l'autre en
étaient dignes à raison de leur mérite supérieur :
Israel, pour la candeur, la droiture, l'antique simplicité de son caractère, l'aménité de ses mœurs et
de sa parole ; Ensheim, pour l'étendue de ses connaissances et sa haute capacité intellectuelle. Tant
qu'ils vécurent ensemble, une amitié toute fraternelle
régna entre eux ; pas un nuage n'en obscurcit le cours ;
pas une parole d'envie, de mécontentement, d'aigreur
n'en vint altérer le charme.

XVIII. Non certes, non, ce n'est pas l'inspiration
d'Ensheim, ô Tsarphati, c'est ta propre démence,
c'est le cynisme de ton cœur qui t'a suggéré ces paroles infâmes, vomies sur la tombe de R. Israel, mon
respectable parent.

XIX. Hé bien donc ! à ton tour, attends-moi ! Je
vais examiner ton article funèbre. J'analyserai, avec
une implacable rigueur, tes assertions perfides ou mensongères ; et je dévoilerai, à tous ceux qui te liront,
ton orgueil, ta secrète ambition, ta basse jalousie ;

la dépravation de cœur, le dévergondage de médisance, dont tes écrits portent l'empreinte.

XX. Et puisqu'on te dit bon géomètre, et que la science des mesures t'est familière, à ton tour, reçois mesure pour mesure : mesure pour le mensonge, mesure pour la contradiction ; mesure pour le manque de droiture morale, mesure pour le manque de procédés sociaux. Et partout où je te trouverai en défaut sur l'un de ces deux chefs, j'en grossirai la liste de tes contradictions et de tes mensonges. Celui-là, en effet, se dément lui-même, celui-là s'accuse d'inconséquence et partant de fausseté, qui, avec des prétentions au mérite, manque de la droiture du cœur et du sentiment des convenances sociales. Donc, Tsarphati, guerre pour guerre ! en garde ! sois prêt au combat ! — car ceci est ton acte d'accusation.

CHAPITRE Iᵉʳ.

1ᵉʳ Alinéa Tsarphatique.

« *Paris, fin d'avril 1839.*

« **Monsieur le Rédacteur** (*a*),

« L'intérêt patriotique que vous attachez à tout ce qui peut
« honorer le pays messin, m'encourage à vous parler d'un savant
« de cette contrée, qui vient de terminer une longue et honorable
« carrière à l'autre extrémité de la France, dans la région
« pyrénéenne, sur les bords de l'Adour. »

EXAMEN.

1. Dans ce préambule, nous voyons Tsarphati s'ex-
cuser à M. Blanc, avec humilité, tête baissée, genou en
terre, de ce qu'il a l'audace de lui raconter l'éloge
funèbre d'Ensheim. Nous disons proverbialement (*b*) :
« Le sage ne parle jamais (sans permission) devant
celui qui le surpasse en sagesse ou en âge. » Tsarphati
a du savoir-vivre ; son exorde le prouve. Seulement, à
cet égard, certains scrupules me sont venus, que j'ai
eu quelque peine à résoudre ; les voici.

2. D'abord, suffisait-il d'invoquer l'indulgence de
M. Blanc ? Et tous les habitants du département qui
lisent son journal, étaient-ils obligés, bon gré mal gré,
de lire tes paroles diffamatoires, qui contristent le cœur,
qui soulèvent l'esprit de l'homme dans son sein ?

3. Jadis, en Israel, celui qui prononçait un discours
public, soit qu'il moralisât ses frères par un sermon,
soit qu'il pleurât le juste par un *hespèd* (*c*), ne devait

(*a*) M. Blanc. — (*b*) Traité Aboth. — (*c*) Oraison funèbre.

pas seulement se pourvoir de l'autorisation du Rabbin et des notables aptes à juger de sa moralité et de ses connaissances, il était tenu, en outre, de solliciter, au commencement de son discours, l'agrément de l'assemblée qui allait l'entendre ; et après toutes ces démarches et toutes ces précautions, malheur à lui s'il faisait entendre au peuple une parole irritante, une parole qui pût provoquer le scandale ! Malheur, si cet auditoire qui l'entourait eût renfermé des vases intacts, pleins d'une liqueur excellente, tandis que lui qui parlait n'eût été qu'un vase brisé, laissant échapper toute liqueur (*a*) !

4. Pour toi, Tsarphati, avec une humilité grande comme…. une aile de mouche, tu commences par frapper timidement à la porte de M. Blanc ; homme honorable sans doute, et qui mérite tes respects ; mais *l'aile de mouche* devait-elle être pour lui tout seul ? n'en revenait-il pas aussi une part à tous les lecteurs de son journal, gens de mérite également, gens de considération et dont l'autorisation aussi devait être comptée pour quelque chose ?

5. *Deuxième observation.* — Ensheim était juif ; on te dit juif, ô Tsarphati ! comment, dans toute la communauté juive de notre ville, ville natale et de l'orateur et de son héros, n'as-tu pas trouvé un seul coreligionnaire digne d'entendre ta *triste* oraison funèbre et *l'amère* expression de tes regrets, sauf à revenir à des sensations plus gaies en écoutant tes paroles consolantes, pleines de suavité pour l'oreille et d'entraînement pour le cœur ? Car, si les vivants pleurent avec désespoir celui qui n'est plus, leur pensée se désattriste en se reportant sur l'homme digne de le remplacer, sur l'orateur à la parole onctueuse et persuasive, — tel que toi, ô Tsarphati !

(*a*) Imitation d'un passage de la Mischna, Tr. Aboth. (*Note du traduct.*)

6. *Troisième observation.* — Après avoir « travesti le deuil en bouffonnerie (a) », après avoir à peine effleuré d'une lèvre dédaigneuse le nom d'Ensheim, sans éloge, sans épithète honorable, tu cesses de t'occuper de lui, pour déblatérer contre les Juifs, faisant pleuvoir sur eux les traits de ta satire, outrageant la religion par des inculpations perfides, et versant à pleines mains l'opprobre sur tous, morts et vivants, tes pères et tes maîtres. Qui t'avait dit qu'une si étrange oraison funèbre plairait à tes lecteurs? que les bourdonnements de la mouche, ses coups d'aile, ses piqûres, leur seraient agréables ?

7. La présente lettre, comme celle sur le Col-Nidré, nous montre combien ton cœur et tes mœurs sympathisent avec les mœurs des *Loudim* (b). Les Loudim, nous dit le Thalmud, ne connaissent ni parents ni amis, ni religion ni lois sociales ; si l'un d'eux trouve dans les entrailles de l'autre la satisfaction d'un appétit ou d'une passion, il va l'y chercher sans remords. Ainsi fais-tu dans tes écrits : ennemi de tes frères, déserteur de ta foi, livrant à la risée ceux qui élevèrent ton enfance, tout homme et toute chose sont en butte à tes agressions, à tes invectives, à tes calomnies......

8. As-tu donc oublié, en si peu de temps, le caractère et les mœurs de tes compatriotes ? As-tu donc oublié que tu parles à des hommes aimants et charitables, à des hommes de paix et de droiture ; que tu froisses leurs cœurs par tes paroles haineuses et malveillantes, et leurs oreilles par la cynique âpreté de ta médisance ? Si tes parents ont eu tort à ton égard, en te mettant dans une école de pauvres (c), à la bonne heure ! mais que t'ont fait ces honnêtes lecteurs tes

---

(a) Expression biblique. (*Note du trad.*)

(b) Ancienne peuplade anthropophage citée par le Thalmud (tr. Ghittin), et qu'il ne faut pas confondre avec les Lydiens. (*Note du trad.*)

(c) Tsarphati s'en plaint au 5e alinéa de sa lettre. (*Note de l'auteur.*)

co-religionnaires, dont l'oreille s'épouvante de tes propos impudents ; que t'ont-ils fait, pour les obséder du poids de tes extravagances, pour les importuner du récit de tes faits et gestes, comme s'ils étaient obligés de connaître ton éducation, tes études, tes maîtres ; les sottises de ton enfance, les prétentions de ton âge mûr, les radotages de ta vieillesse ? De quel droit, encore une fois, ô Tsarphati ! imposes-tu aux honnêtes gens de ton pays la pénible tâche de te lire ?...

9. Une foule de préceptes épars dans le Thalmud, dans Maïmonide, dans nos traités de morale, nous recommandent d'être sévères sur le chapitre des convenances. Dans les premières pages du Midrasch Torath-Cohänim, en particulier, nous lisons ces paroles : « Celui qui blesse les convenances, une *charogne* vaut mieux que lui ; » sans doute, parce qu'une charogne n'infecte que ce qui l'avoisine, tandis que l'homme sans pudeur infecte et empeste toute la terre. Donc, quand je te présenterai le relevé numérique de tes mensonges, les faits que je viens de signaler entreront aussi en ligne de compte. — En attendant, passons à l'alinéa suivant.

CHAPITRE II.

2e Alinéa.

« Ensheim n'est plus. Le tombeau s'est refermé sur le Nestor
« des réformateurs français, sur le dernier disciple de cette
« école de Mendelssohn, dont l'impulsion a été si puissante,
« si prolongée...... Puissent ces lignes, consacrées au vertueux
« philosophe, le rappeler aux vieillards, le faire connaître aux
« jeunes gens ! »

EXAMEN.

1. Tsarphati se lamente de ce « qu'Ensheim n'est
plus », et de ce que « le tombeau s'est refermé » sur
lui. Tels sont ses termes. Or tout homme de bon sens,
qui se rend compte des mots, reconnaîtra que cet
éloge funèbre n'en est pas un. La terre se referme
également sur tous les corps matériels éclos de son
sein et qui y retournent ; le juste et l'impie, le sot et
le sage, le faible et le fort, le riche et le pauvre,
tous appartiennent à la tombe. Qu'est-ce donc qu'un
pareil éloge ? Mais n'en soyons pas surpris ; comment
Tsarphati s'entendrait-il à faire un éloge, lui qui n'a
jamais su que médire, que décrier indistinctement les
vivants et les morts ?

2. Après la *qinah* (complainte) vient le lamentable
hespéd (récit funèbre) ; mais celui-là aussi est défec-
tueux, en ce qu'il ne renferme qu'un seul éloge peu
flatteur, à savoir qu'Ensheim était un des grands
réformateurs de l'époque. Cet éloge, je l'avoue, est
très-grand, très-significatif dans ta bouche, ô Tsarphati !
mais malheureusement, et à mon grand déplaisir, je

me vois forcé de te rejeter tes compliments à la figure ; car ton oraison sans raison (*a*) fait également tort et à l'auteur et au sujet. Il n'y a pas d'enfant à l'a b c, chez nous, qui ne sache par cœur ce verset : « Crains Dieu, mon fils, et le Roi, et ne te mêle pas aux novateurs (*b*). » Je l'ai vu écrit en gros caractères vis-à-vis l'entrée de l'école qu'on a établie dans notre ville, il y a une vingtaine d'années. — Conclusion : quiconque inflige à la mémoire d'Ensheim cet éloge « qu'il voulait réformer la religion, » celui-là médit, et « tout médisant est un sot (*c*) », Tsarphati !

3. Puis, le hespèd terminé, et Ensheim jeté dans la boue par l'épithète de réformateur, Tsarphati le relève soudain jusqu'au ciel, en l'enrôlant dans l'école de Mendelssohn.

Que Tsarphati forge des faits, suppose des rapports imaginaires, et qu'il fasse porter ses hypothèses sur des morts qui certes ne viendront pas le démentir, — cela ne me surprend guère. Un proverbe juif dit : « On doit des ménagements à celui qui est dans la peine. » Or, ce pauvre écrivain, pour ruiner la religion, se donne une peine, un mal infini, jusqu'à en délirer, jusqu'à en perdre la tête ; d'ailleurs, tout ce qui peut relever la gloire du mort relève par contre-coup la gloire de celui qui le pleure. Dès-lors, qui mettra une limite à ses impostures, un frein à ses prétentions ? Qui l'empêchera de tailler, couper et rogner à sa guise, à sa fantaisie, hommes et choses, croyances et croyans tout ensemble ?

4. Mais attends-moi, Tsarphati, avec ton faisceau d'assertions mensongères ; attends-moi, dis-je, au chapitre VI : là, je t'arracherai de la gorge et le nom de

---

(*a*) Nous devons avertir le lecteur, que ni ce calembourg ni la métaphore qui précède n'approchent de l'énergie du texte. (*Note du trad.*)
(*b*) Proverbes. — (*c*) Ibid.

Mendelssohn et le nom d'Ensheim dont tu abuses également. A ceux qui se borneront à lire le présent chapitre, je le déclare hautement : tu as menti ! Je sais, et mes amis savent comme moi, que jamais Ensheim ne fut l'élève de Mendelssohn. Ensheim était simplement payé dans la maison de Mendelssohn, comme dans d'autres maisons de Berlin, pour donner aux enfants des leçons d'arithmétique et de français. Il n'était ni disciple de Mendelssohn ni considéré comme tel. — Du reste, nous reprendrons ce fait au 6e alinéa. Procédons par ordre.

CHAPITRE III.

3e Alinéa.

« Moïse Ensheim est né à Metz, vers le milieu du dix-huitième
« siècle, de parents peu aisés, et dans le quartier alors exclu-
« sivement habité par des juifs. Ayant montré des dispositions
« précoces, il fut destiné, dès son bas-âge, à devenir *théologien*,
« une des quatre professions que nous pouvions alors exercer
« en toute liberté : les trois autres étaient la *mendicité*, le
« *brocantage* et l'*usure*; et cet état de choses n'est pas tellement
« loin de nous, qu'on ne puisse en retrouver des traces profondes
« et nombreuses. La théologie, quoique peu lucrative, était
« recherchée et ambitionnée; car elle menait aux honneurs,
« avait la première part à la considération, et souvent même des
« riches adoptaient pour gendres de pauvres étudiants, espérant,
« par les mérites de ceux-ci, obtenir une place en paradis, ou,
« selon la locution judaïque, avoir une chaise au jardin d'Eden.
« Le jeune Moïse fit avec distinction toutes les études prépa-
« ratoires. »

EXAMEN.

1. Dans cet alinéa, l'écrivain prend à partie la génération de ses pères, et fait subir à leur mémoire le
récit humiliant de leurs misères, de leur existence de
labeur et de tribulation. Il énumère les quatre moyens
de subsistance que le gouvernement laissait à nos
ancêtres, et qu'il nomme « la théologie, la mendicité,
le brocantage, l'usure » ; par là, dans sa rage aveugle,
il frappe à la fois gouvernants et gouvernés.

2. Eh bien, ô Tsarphati! je te demanderai, moi,
d'où nous est venue cette misérable existence, cet
état d'opprobre, d'esclavage et de douleur où nous
avons gémi si longues années? — Il nous est venu de

traîtres comme toi ; il nous est venu de tes dignes devanciers, les Donin, les Hhamiel, les Albalag, les Hanan, les Lorki, les Karkesaï, les Narboni, les Saraça et consorts ; de ces ambitieux qui n'ayant pas trouvé, dans leurs communautés, de quoi satisfaire leur orgueil et leurs prétentions, s'en sont vengés soit par la corruption et l'apostasie, soit par la calomnie et l'imposture ; qui, pour un peu d'honneur imaginaire, pour quelques miettes d'un pain mendié, ont soulevé la haine, provoqué l'irritation contre leurs frères, contre leurs propres familles, et « armé le pouvoir contre une religion qu'ils s'efforçaient de noircir (a).... »

3. Il est constant que les haines de religion n'ont jamais dépassé, en réalité, le cercle respectif de chaque croyance, et que les dissensions, les troubles occasionnés dans chacune n'ont dû leur naissance qu'au zèle apporté par les uns à maintenir ce que les autres voulaient détruire. Si, parfois, une animosité couverte du manteau de la religion nous a suscité des persécutions, elles ont toujours été vaines et impuissantes, à moins que nos fautes et nos égarements ne nous eussent livrés aux coups de l'ennemi. Constamment les dépositaires du pouvoir, rois, papes, cardinaux, évêques, princes et ministres, ont été nos plus fermes appuis contre les tentatives des passions diverses qui grondaient autour de nous. — Dieu le leur rende !

4. Tu le vois, ô Tsarphati ! « les conseils de Dieu seul s'accomplissent (b) ! » Mais, d'un autre côté, que pouvaient pour nous les bonnes dispositions des puissances et des peuples, lorsque les temps d'épreuve étaient venus ? lorsque Dieu faisait naître, au milieu de notre bonheur et de notre sécurité, des fléaux tels que toi, pour nous punir de l'oubli de sa loi sainte,

---

(a) Daniel. — (b) Proverbes.

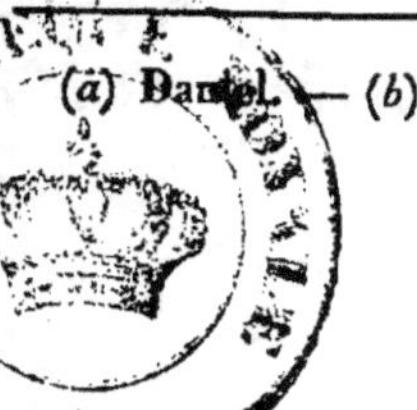

et de la violation de ses divins commandements ? Ainsi s'accomplissait cette fatale prophétie, qu'un jour, dans notre propre sein, nous trouverions des bourreaux ; des hommes qui, armés du sophisme et de l'imposture, déchireraient leurs frères aux yeux du pays, comme tu l'as fait, Tsarphati, dans cette lettre, dans celle du Col-Nidré, et dans tes autres écrits. —Lisez, à cet égard, le morceau final du Lévitique, avec les développements de R. Salomon (Jarchi) ; Maïmonide, *commentaire du tr.* Berachoth *sub fin.*, et quantité d'autres passages.

5. O Tsarphati ! toutes les bêtes féroces ensemble, y compris l'hyène et le crocodile, n'ont pas ton acharnement. — D'après ton dire, notre communauté, avant la révolution, aurait été répartie en quatre professions, dont la dernière, la classe riche, ne possédait qu'une opulence précaire. Or ces derniers, à eux seuls, avaient à supporter toutes nos charges publiques : charge de l'étude de la Loi qu'ils encourageaient et faisaient prospérer ; charge de la synagogue, dont ils soignaient le matériel, et que la génération écoulée a vue briller en effet dans toute sa splendeur ; charge des Rabbins et de leurs nombreux disciples ; charge des orphelins, des veuves, des indigents vertueux, des malades, des infirmes, appartenant ou non à la ville ; charge enfin des chantres et des desservants du temple. Et voilà les hommes que tu outrages ! et voilà ceux que tu insultes dans leur tombe !

6. Retire-toi, Tsarphati, ou bouche tes oreilles, pour ne pas entendre la voix qui s'élève, équitable et bienveillante, en faveur des Juifs tes frères. Oui, j'atteste, et toute notre histoire en fait foi, qu'en dépit des tortures sans nombre qu'Israel a éprouvées, il a été toujours fécond en grands hommes ; toujours et partout des hommes ont surgi de son sein, qui, par la grandeur de leurs vertus, par l'immensité de leurs connaissances, par la profondeur de leur génie, ont fait

la gloire de leur pays, et le bonheur des Rois qui les appelèrent à leur cour.

7. Et tous ces faits, qu'on le sache bien, ne sont pas pour nous choses nouvelles ; nous y étions préparés de longue main, au bien comme au mal, par une révélation suprême : depuis le mont Sinaï jusqu'au mont des Oliviers, tout a été prévu et prédit. Le juif qui lira avec amour l'histoire de sa nation, qui exhumera comme un trésor les vieilles annales de ses pères, croira être sous le charme d'un rêve. Mille visions diverses, comme les visions fantastiques du sommeil, se croiseront sous ses yeux, les unes sombres et sanglantes, les autres gracieuses et gaies ; et quand au réveil son intelligence saisira l'ensemble de cette merveilleuse histoire, il pleurera de joie et de reconnaissance, baissera la tête, pliera les genoux, et s'écriera : « Béni celui qui promet et exécute ! béni celui qui parle et accomplit ! » Et il se rappellera la sublime conclusion de David (a) : « Où est le sage qui comprendra ces choses, qui devinera les desseins de l'Éternel ! »

Un demi-siècle s'est écoulé, depuis qu'un Dieu toujours bon nous a pris en pitié, et a suggéré au Roi, aux princes, aux notables du pays et à tous ses habitants, des pensées bienveillantes à notre égard. La liberté fut proclamée pour nous ; une existence honorable et légitime nous fut garantie, et un sage décret prononça : « Que toute haine religieuse soit anéantie sans retour. »

8. Mais qui nous protégera maintenant contre nousmêmes ? contre les enfants dénaturés que nos propres entrailles ont portés, et qui frappent leur mère, et qui répandent le deuil et la consternation sur toutes les frontières d'Israel ! Hélas ! nulle paix, nulle trève

---

(a) Psaumes.

(*Deutéron.*) ; un agresseur n'a pas encore lâché prise, qu'un autre arrive et le remplace ; à peine sommes-nous délivrés de Schestakhow (*a*), survient Tsarphati vomissant l'injure à grands flots, et nous faisant une guerre sanglante au milieu de la paix dont nous jouissions.

9. J'ai dépouillé nos livres, médité nos annales, passé en revue tous les renégats corrupteurs et propagandistes qui ont précédé ces deux héros ; j'ai compulsé leurs doctrines, leurs systèmes : et entre tous, à commencer par Rabsacès (*b*), je n'en ai pas trouvé un seul aussi étrangement pervers que Tsarphati. Car, d'une part, il prétend débaucher et séduire ; de l'autre, il distribue la calomnie et l'outrage. Et il n'a pas le bon sens de se demander : Comment la séduction n'échouerait-elle pas, lorsque ses morsures précèdent ses caresses ? et qui peut aimer un frélon meurtrier, qui bourdonne et pique sans donner du miel ?

10. Pour lever mes doutes, je me suis déjà adressé à des personnages notables de Paris, leur disant : « Si « j'en crois des gens qui ont bien lu les divers écrits

---

(*a*) Schestakhow est une ville de la Gallitzie. Là vivait, il y a une cinquantaine d'années, un homme appelé *Jacob Minaï*. Cet homme se livrait à des études occultes et cabalistiques : il réussit à opérer des miracles qui entraînèrent une tourbe ignorante et facile à séduire. Enhardi par ce succès, il s'avisa de prêcher la réforme religieuse, modifia le judaïsme par des additions et des suppressions. Les juifs de la Gallitzie, épouvantés de son ascendant sur la populace, adressèrent une supplique aux primats de la Pologne, pour être délivrés de ce fléau : ils purent bientôt respirer, en apprenant que Minaï, mis en anathème par l'autorité religieuse, avait été expulsé de leur territoire. Schestakhow se rend à Vienne, obtient une audience de l'empereur (Joseph II), lui demande un asile dans sa capitale, et cherche à l'aliéner contre les Juifs par ses calomnies. « Apprends, lui « répond le prince, que chaque peuple a sa religion et doit la suivre. * « Pour toi, hors d'ici avec ton entourage ! et qu'avant peu il ne reste « plus trace de vous dans mes états ! » L'*illustre* disgracié vint alors, avec toute sa sequelle, s'établir sur les bords du Mein, près de Francfort. Tous tombèrent peu à peu dans l'oubli, et bientôt il ne fut plus question d'eux. (*Note de l'auteur.*)

(*b*) *V*. Isaïe.

* Les derniers mots sont imités de Michée. (*Note de l'auteur.*)

« de Tsarphati, cet auteur serait dénué de toute con-
« naissance positive en matière de judaïsme. Or, com-
« ment ne craint-il pas qu'un beau matin quelque juif
« ne le rembarre d'importance par un démenti public,
« et par la révélation éclatante de toutes ses turpitudes ?
« — Vous ne connaissez pas le personnage, me fut-il
« répondu. Tsarphati, voyez-vous, c'est un porc-épic ;
« cuirassé d'impudence, rien ne le fait reculer. Le
« mensonge, avec ses mille détours, lui présente une
« route plane et unie ; la religion et tout ce qui s'y
« rattache est en butte à sa risée, et il n'adore que
« l'intérêt matériel, seul but de ses travaux. Ses feuilles,
« tissues de fraude, lui rapportent des écus, qu'il palpe
« et examine avec soin lorsqu'il les reçoit ; s'ils sont de
« bon aloi, il les pose, holocauste sans tache, sur l'au-
« tel de sa bourse, s'agenouille et s'écrie : Bénie sois-tu,
« ô ma bourse, dépositaire de toutes mes affections !....
« Puis, qu'un juif vienne le relancer pour un mensonge,
« incontinent il en avancera deux autres pour défendre
« le premier ; deux mensonges tout nouveaux, étranges,
« inouïs, — mais qui auront le précieux avantage d'ar-
« rondir son gousset. »

11. « Mais, insistai-je, qui lui a suggéré l'infernale
« pensée de se déchaîner précisément contre sa secte,
« contre ses frères, contre sa propre famille ? N'est-il
« pas écrit (a) : « Celui qui trouble sa propre chair est
« un infâme ? » — Tsarphati, répondit-on, est l'ennemi
« juré des Juifs, parce qu'il n'a pu parvenir à se faire
« nommer parmi leurs préposés ; de plus, parce qu'il a
« maintes fois sollicité l'alliance de plusieurs richards,
« et voici avec quel succès. L'un répondit *à lui : Non
« pas*; l'autre répondit : *Non pas à lui* ; et tous reje-
« tèrent avec mépris sa demande. C'était trop peu pour
« lui que de se venger sur un petit nombre de per-

(a) Proverbes.

« sonnes ; il se mit à déblatérer contre tous les Juifs
« de la terre. »

12. Et maintenant, ô Tsarphati, j'ai lu ton insolente
publication contre la mémoire de R. Israel, mon parent ;
j'ai vu combien tu es *sage*... à tes propres yeux, *fort*....
en paroles, *riche*.... en odieux mensonges ; et qu'en un
mot aucune qualité supérieure ne te manque. Avec ces
rares avantages, tu espérais éblouir les richards ci-dessus
et obtenir leurs faveurs : mais *bernique !* personne ne
voulut d'un gaillard piquant comme une épine et tran-
chant comme un couteau à deux lames. De là tes clabauderies, ton « tintamarre, » tes injures contre les
Juifs, tes blasphèmes contre leur Dieu.....

13. Reste toujours à résoudre la question : — N'y
a-t-il donc pas au monde assez de vivants à immoler
à ta rage, sans aller remuer la cendre des morts et
fouiller comme l'hyène dans la poussière des tombeaux ?
sans aller arracher de leur sommeil des mânes vénérés,
pour les traîner dans les fanges de la calomnie ? Mais
patience : au VIe chapitre, je me réserve de te dire
ton fait.

14. A ce propos, je remarque, vers la fin de l'alinéa
qui m'occupe, que tu parais craindre d'aller au *jardin
d'Eden* ou en *Paradis*. Voilà bien ce que je disais au
Ier chapitre, que tu es de la race sauvage et mécréante
des Loudim. Or, écoute ce qu'a écrit le grand dia-
lecticien R. David Nito, dans son livre *Esch-Dath :*
« J'atteste, dit-il, ciel et terre, que j'ai exploré et passé
en revue toutes les religions existantes, et que j'ai trouvé
établis les trois dogmes fondamentaux : de l'existence
de Dieu, de la révélation, de la rémunération future,
non-seulement chez les Chrétiens et les Mahométans,
mais chez presque tous les peuples des Indes orientales
et occidentales, chez la plupart des nègres et des Barbares habitant l'Afrique, et voués au culte de la nature matérielle, du soleil, de la lune, des animaux,

des amphibies, des reptiles, etc. Tous croient et proclament qu'après la mort le juste sera récompensé, le méchant puni..... » — Il faut avouer qu'il n'y a pas moyen de s'emparer de ces maudits *renardeaux qui rongent les vignes* (a). A peine en avez-vous déniché un, vous tournez la tête, un second survient. Çâdoq (b), il y a plus de vingt-et-un siècles, leva la main sur son maître qui lui recommandait d'être religieux par pur amour, et sans avoir en vue la rémunération d'Eden : aujourd'hui Tsarphati frappe son maître, parce qu'il lui a promis un siége d'honneur dans l'Eden. Mais ne crains rien, Tsarphati : pas une des quatre classes Hhalmasch (c) n'ira en paradis ; tu es, toi, le coryphée de toutes les quatre : sois tranquille, tu es absous du jardin d'Eden !

15. Et ici encore, après toutes les tracasseries que tu t'es données, tu as menti comme de coutume ; car tu omets, dans ta nomenclature, deux chefs, à savoir :

1° Le *négoce* en grand, professé par une classe nombreuse à qui le gouvernement permettait d'embrasser cette carrière, et qui fournissait également les bourgeois, les préposés de la ville, et les militaires, pleins de bienveillance dans leurs relations avec nous ;

2° Le *commerce de chevaux*, branche non moins importante, que nous tirions des pays étrangers et que nous répandions dans toute la France. Voici ce que j'ai lu à cet égard dans la géographie allemande de Homann, à l'article de la France : « Les Juifs de Metz font un commerce de chevaux très-étendu, et très-avantageux à la France...... »

(a) Imitation de l'Écriture. (*Note du trad.*)

(b) Chef de la secte des Sadducéens. — Observons, en passant, que ce dernier mot, comme mille autres conservés par les Septante et la Vulgate, confirment l'opinion de l'auteur (Ch. IV, 9) sur la prononciation du *çaddiq*. (*Note du trad.*)

(c) Mot fictif, formé des initiales de quatre mots hébreux qui signifient *Flatteurs*, *Moqueurs*, *Médisants*, *Menteurs*. (*Note du trad.*)

CHAPITRE IV.

4ᵉ Alinéa.

« Le système d'enseignement ayant changé, je crois utile
« d'entrer dans quelques explications étendues sur le mode de
« ces études et sur la nature des connaissances qui en étaient
« l'objet. Elles se donnaient et se divisaient en trois classes,
« désignées sous le nom de *chedarim*, pluriel du mot hébreu
« *cheder*, qui signifie chambre ou cellule. Dans les chambres
« de lecture, classes élémentaires, on enseignait *uniquement*
« à lire l'hébreu, et cela par des procédés qui mériteraient
« d'être couronnés, si une société savante s'avisait de proposer
« cette question : « Trouver une méthode de lecture, la plus
« absurde qu'il soit possible d'imaginer, afin d'en rendre l'ap-
« prentissage long, difficile, pénible aux élèves, et impatientant
« pour les maîtres? » — Voici comment on pourrait s'y prendre :
« au lieu de donner aux lettres des noms courts, rappelant
« leur intonation, désignez-les par des phrases longues, n'ayant
« aucun rapport avec le son à produire. C'est précisément ainsi
« que nos maîtres s'y prenaient. Exemple : la double consonne
« TS est représentée, en hébreu, par une seule lettre, nommée
« *tsadik*, et comme elle est brisée, les juifs allemands l'ont
« surnommée *kroume tsadik*, ce qui veut dire tsadik courbée ;
« de même, la voyelle composée OU est représentée, en hébreu,
« par un signe nommé *chourek*; de sorte que, pour épeler la
« syllabe TSOU, il nous fallait dire *chourek kroume tsadik :*
« toute une phrase hétéroclite pour en venir au son exprimé
« en français par TSOU ! et ainsi du reste. »

EXAMEN.

1. Ici, Tsarphati retombe en enfance ; comme autrefois, écolier indocile, il en remontre à ses maîtres,
et prétend endoctriner ceux qui en savent plus que
lui. Or, que faire à cet enfant volontaire et mutin?...
Ici ! lui dirons-nous, ô Tsarphati ; écoute, et épelle:
« *A, bé, ghé, dé....* », et non plus *Aleph, beth,*

ghimel, daleth.... » Toutefois, apprends-nous ce que tu trouves de si étrange dans ces dernières expressions.

2. Nous ne nous sommes jamais avisés d'argumenter contre les grammairiens de l'Europe, pour avoir adopté une méthode différente de la nôtre dans l'appellation des lettres. « Chacun sa langue, » dit la Genèse. Le caractère **A**, dans les langues occidentales, désigne généralement le son qui se produit lorsqu'on donne à la bouche la plus grande extension possible ; soit comme *son élémentaire* (*A*), soit comme *son articulé* (*BA*), soit comme *son composé* (*AOU*....). Bien différent de l'aleph hébreu, qui ne représente aucun son, et qui a besoin du secours d'un point-voyelle pour s'articuler avec le son qui lui convient.

3. Compte le nombre de fois que l'aleph se reproduit dans la première section de la Genèse, à savoir depuis Berêschith jusqu'à Éhhad (*a*), selon notre Masorah. Tu trouveras cette lettre employée vingt-trois fois. Deux fois elle a par elle-même le son de *a*, trois fois elle communique cette valeur à une articulation. Restent dix-huit cas où elle a des valeurs toutes différentes. Et il en est de même de toutes les lettres de la langue hébraïque, sans exception. Semblables à des corps morts et inertes, elles seraient toutes inarticulées sans l'auxiliaire du point-voyelle qui leur communique son animation. Conçoit-on bien l'ignorance ou la mauvaise foi de celui qui, comme Tsarphati, travestirait l'aleph en *a*, le beth en *bé*, etc. ?

4. Puis, Tsarphati marche sur les traces d'Anah. Anah, nous apprend la Bible (*b*), découvrit l'art de produire des monstres au moyen d'accouplements impies. Ainsi Tsarphati accouple le teth avec le samech et en fait sortir son nom. Et il nous déclare gravement que « la double consonne **TS** est représentée en hébreu « par une seule lettre, nommée *tsadik*. »

(*a*) Versets 1 à 5. — (*b*) Genèse.

5. Mais quel est ce malavisé, qui introduit des créations nouvelles dans une langue dont il ne connaît pas l'*aleph-béth?* Quant à nos maîtres, les savants et antiques hébraïsants, qui, depuis plus de quatorze cents ans, se sont appliqués à nous exposer l'origine et la théorie alphabétique du langage ; quant aux éditeurs de la Masorah, aux Sangari, aux Alphiumi, aux Alphasi, aux Donas, aux Menahhem, à tous leurs successeurs, ils n'en ont pas sonné mot.

6. Et qui a empêché le divin Fondateur de notre langue d'orthographier *tsaddik* (a), au lieu de *çaddik?* Qu'aurais-tu pu objecter ? Que cette orthographe eût donné une racine anomale de quatre lettres ? — Tant mieux pour ton système de mensonge ; car avec cette modification nous aurions une kyrielle énorme de racines quadrilittères, dont on ne s'est jamais douté. Il semble, ô Tsarphati ! que tu poursuives de ta haine jusqu'à notre langue, si belle et si harmonieuse. Et pourquoi ? Vaux-tu plus que Balaam-ben-Behôr ? Balaam fut un grand prophète en son siècle ; Balaam était Syrien ; il était mandé par Madian et par Moab, — et il traduisait sa pensée dans l'idiôme hébraïque.

7. Et toi, Tsarphati, que répondrais-tu à cette apostrophe :

« Sepharvaï hassirpad, tsê, tsehêh, tsephêh hhatsôtserôth tsôrehhôth tserihhôth outsevahhôth : betsippiathecha tetsappeh, Tsarphati hannahatsouts, litspôth betsiphtsouphim retsouphim metsaphtsépheth tsippôreth Sémiramis mitstsouk Gherizim. »

« Sepharvaïte, ronce piquante ! va, cours, écoute la trompette qui te crie avec bruit et fracas : Dans ton attente tu espères, Tsarphati l'épineux, entendre le roucoulement continuel de l'oiseau de Sémiramis, roucoulant sur le pic de Garizim (b). »

(a) Avec deux lettres en hébreu comme en français. (*Note du trad.*)
(b) Pour l'intelligence de cette phrase artificielle, il faut savoir que, il

Jamais Juif proféra-t-il phrase aussi barbare, si ce n'est Tsarphati?

8. Quiconque, juif ou non, est instruit des éléments de notre sainte langue, sait que tout mot, toute syllabe hébraïque commence par une lettre affectée d'une voyelle ou d'un scheva mobile, et finit par une lettre quiescente, articulée ou non. Cette règle est absolue ; jamais le scheva n'est quiescent au commencement d'un mot ou d'une syllabe ; jamais, à la fin, il n'est mobile. Jamais deux scheva mobiles ne se suivent; et deux scheva quiescents de suite n'ont lieu qu'à la fin des mots. Un seul mot semble faire exception ; encore tous les hébraïsants reconnaissent-ils qu'on le prononce autrement qu'il n'est écrit. Du reste, uniformité parfaite pour tous les mots de la langue. D'où il suit que la phrase *sepharvaïte* prononcée par la *colombe*, peut bien appartenir au baragouin des Loudim, mais non à la langue hébraïque.

9. Or donc je te déclare, ô Tsarphati, que partout où se trouvent des Juifs, dans toute l'Italie, dans l'Afrique, dans l'Orient, dans une grande partie de la région Aschkenaz, le *çaddiq* se prononce comme notre C français. Un très-petit nombre de Juifs allemands, qui habitent les deux bords du Rhin, ont corrompu l'articulation de cette lettre par l'influence des pays où ils se trouvent enclavés.

10. Il y a six siècles, un illustre hébraïsant, R. Yekouthiel Hakkohèn, s'élevait déjà contre cet abus. Voici ses paroles : « Les modifications plus ou moins vicieuses qu'a subies la prononciation des lettres hébraïques, tiennent à la variété des langues et des accents

---

y a plusieurs années, Tsarphati s'est ingénié de tout son pouvoir à provoquer une fusion de la croyance des Juifs avec celle des Sepharvaïtes et des Cuthéens, établis au mont Garizim. C'est à ce projet que notre phrase fait allusion. (*Note de l'auteur.*) — Les Cuthéens ou Samaritains, dit le Thalmud, adorèrent longtemps la colombe, oiseau de Sémiramis. (*Note du trad.*)

auxquels les Juifs ont été mêlés. Exilés sous toutes les latitudes, ils ont altéré et dénaturé leur langue, en en calquant l'accent sur celui des indigènes chez lesquels ils habitent. » L'auteur ajoute : « Le *çaddiq*, en particulier, a été défiguré par les Français. » Ce dernier nom s'étendait aux habitants de la Gueldre, de la Westphalie et de la Franconie, ainsi qu'au reste des riverains du Rhin, soumis alors à la domination française.

11. Tsarphati donne le nom de *brisé* au çaddiq *courbé*. Mensonge. Le çaddiq (*a*) est courbé, humble et soumis ; mais il n'est pas brisé ; car il est dit (*b*) : « Dieu conserve tous ses membres, pas un seul ne sera brisé. » Mais j'avance, moi, que s'il y a quelque chose de brisé, c'est *Tsarphati*. En effet, nous venons de lui démontrer que la lettre *çaddiq* n'est pas complexe ; nous détacherons donc le *t* de son nom, restera *Çarphati*. Et d'une.

12. Le *r* du même nom porte un scheva mobile, qui n'est pas rendu, et qui répond à peu près à un *a* très-bref. Et de deux.

13. Enfin, sa dernière syllabe se brisera comme les autres, et voici comme : Le mot hébreu *Çâar-phath* a deux acceptions : la première désigne une ville du territoire de Sidon (ici le *ph* est affecté d'un *â* long) ; la seconde s'applique à la Gaule ou à la France (ici le *ph* s'accentue d'un *a* bref et amène un daghèsch dans la flexion). Donc le thav se prononce double :

14. Donc enfin, ÇÂRAPHATTI est brisé de la tête aux pieds. Mais ne t'imagine pas, Tsarphati, que je veuille te faire grâce de la dernière lettre Yod, que tu as annexée à ton nom avec mensonge, vanité et présomption. Non, certes ! je n'en aurais garde ! Cette lettre et toi, vous vous convenez peu, et jamais

---

(*a*) Calembourg. *Çaddiq*, en hébreu, veut dire *Juste*. (*Note du trad.*)
(*b*) Psaumes.

Youde (*a*) et Tsarphati n'allèrent de compagnie. Je t'enlèverai donc ton Youde au VIᵉ Chapitre.

15. Tsarphati prétend que nous faisons épeler à l'enfant *chourek kroume tsadik, tsou :* mensonge. Cette épellation serait un pléonasme. Le çaddiq accompagné d'un point-voyelle est toujours un *kroume-tsadik,* car le çaddiq final (*b*) n'est jamais ponctué.

16. L'écrivain fait observer que la voyelle composée des Français, *O-U,* se traduit par le schourek : mensonge. Elle se traduit tantôt par *oû* long, tantôt par *ou* bref. La voyelle hébraïque qui lui correspond est simple et non composée ; elle a le son de l'*u* des Allemands. Cette même lettre française (*v*), que nous considérons comme la résultante des sons *ou* et *i*, n'a en hébreu aucun équ'valent.

17. L'écrivain se sert toujours du fastidieux mot *chourek;* appellation mensongère. S'il me montre , dans toute la langue , un substantif formé sur un pareil type , je m'inclinerai et je dirai : TSᴀᴅɪᴋ (*c*) ! Le nom exact du son *ou* est *schôreq ,* type *ôzen , ôren , gôren , thôren ,* etc. Ce nom est dû à l'espèce de sifflement (*scheriqah*) occasionné par la prononciation de la voyelle.

18. Plus haut , on nous parle d'un prétendu *chéder ,* faisant au pluriel *chedarim.* Le mot hébreu *hhéder* (*hheth* et non *chin*) a pour pluriel *hhadârim ,* premier *a* très-bref. Cette bévue peut paraître à un Tsarphati peu importante ; elle est grave à mes yeux. « Celui qui erre par la parole est dans une voie de perdition (*d*). » Je traiterai ce point quelque jour dans un article séparé. En attendant , arrivons au 5ᵉ alinéa.

19. Toutefois , nous ne terminerons pas nos réflexions sur celui-ci , sans pousser une dernière botte

---

(*a*) L'auteur joue sur le mot, qui est à la fois en allemand le nom des *Juifs*, et dans l'épellation judaïque le nom de la lettre *Yod*. (*N. du trad.*)

(*b*) Le nom vulgaire de *kroume-tsadik* ne désigne que le çaddiq initial et médial. (*Note du trad.*)

(*c*) « Tu as raison. » — (*d*) Proverbes.

à ce nouveau Goliath, qui ose s'escrimer contre les phalanges de notre belle langue. Réduit aux abois, où pourra se réfugier ce cynique éhonté? Recourra-t-il aux Grecs? Là encore, les Juifs le battront en brèche. Les Grecs sont un des peuples les plus anciennement policés; on connaît leurs succès dans les théories scientifiques, et l'universel ascendant de la langue qu'ils parlèrent. Or, là où le Juif dicte à son fils : « *Schôreq, daleth, dou,* » le Grec fera épeler au sien : « *Delta, omicron, hupsilon, dou;* » partant, là où le premier n'aura besoin que de cinq syllabes, le second en emploiera neuf. Que si un de tes pareils, Tsarphati, se fût avisé d'attaquer et d'invectiver un de ces Grecs au sujet de sa méthode d'épellation, comme tu le fais à notre égard, veux-tu savoir ce qui en serait advenu? Mon Grec aurait tiré sa sandale, lui en aurait frappé le crâne, et se serait écrié : Le fondateur de notre langue a-t-il daigné te consulter, toi chétif? et quel pacte a lié les langues l'une à l'autre, pour les rendre solidaires? Non, certes, aucune n'obéit à aucune : le nombre des lettres, la nature des voyelles, leurs noms, leurs sons; les règles, les procédés, les variations de toute nature sont respectivement la propriété de chaque idiôme. « Chacun sa langue, » nous l'avons dit.

20. Et, pour faire mieux ressortir notre pensée, écoute, Tsarphati, un exemple très-court :

« Une source de mensonges est dans la bouche de Tsarphati. »

Traduction littérale en hébreu :

« *Meqôr achzâb bemô* phi Tsarphati!! »

Il a fallu treize syllabes (*a*) pour la phrase française, pour la phrase hébraïque il n'en faut que huit (*b*).

(*a*) Selon la prononciation courante, qui ne fait ressortir ici d'autre *e* muet que celui de la préposition *de*. (*Note du trad.*)

(*b*) Les *e* muets considérés comme nuls, d'après le système de la prosodie hébraïque. (*Idem.*)

CHAPITRE V.

5ᵉ Alinéa.

« Avec cette admirable méthode, les coups de férule et les
« soufflets aidant, nous restions deux à trois années, selon les
« facultés individuelles de chacun, avant de pouvoir écorcher
« suffisamment d'hébreu pour réciter nos prières. Aujourd'hui
« même on pourrait assurer avec quelque certitude qu'il n'existe
« pas un seul israélite, à Metz, qui sache lire la langue sacrée
« *correctement*, sans excepter ni Rabbins, ni Professeurs : car
« ils ont tous une prononciation et des accents plus ou moins
« barbares, sans grâces, sans fixité et sans principes. C'était
« donc dans ces écoles, nommées chambres par euphémisme,
« c'était dans ces vraies étables qu'on nous entassait, depuis
« l'âge de trois jusqu'à six ans, pauvres et riches indistincte-
« ment, garçons et filles pêle-mêle. Misère, maladies cutanées,
« malpropretés de tout genre ; tout était en commun. »

EXAMEN.

1. Cet alinéa nous montre Tsarphati retombant dans
sa monomanie, honnissant, conspuant, vilipendant le
passé, — les choses qui ne sont plus, les hommes qui
dorment dans la poussière.....

2. Ce qu'il dit des coups et des soufflets est mensonge. Tous ceux, parmi nous, qui sont chargés d'in-
struire les enfants, savent qu'il ne leur est pas permis
de les frapper, si ce n'est avec une mince lanière de
cuir ; encore leur est-il défendu d'y procéder avec em-
portement. Ils doivent punir avec douceur et modé-
ration, comme l'exige la faiblesse de l'enfance. Si ces
moyens ne réussissent pas, et que l'enfant persiste à
négliger son étude, on le laisse tranquille ; il se con-

tente d'écouter les leçons que récitent ses camarades, et dès-lors le maître a fait son devoir. Le tout est développé dans Maïmonide, section Thalmoud-Thôrah. — Or, Tsarphati me fait l'effet d'avoir été, dans son enfance, un garnement désolant père et mère, pervers et pervertissant, et rebelle aux remontrances. C'est sur de pareils drôles qu'il a été dit (*a*) : « Quand une manie est invétérée au cœur d'un enfant, c'est avec la férule salutaire qu'il faut l'en extirper. »

3. Il prétend que les enfants restaient trois années occupés à l'exercice de la lecture : c'est mensonge encore. A cette époque, les enfants étaient déjà au courant de la lecture hébraïque à l'âge de 3 ou 4 ans; et à 5 ans ils commençaient l'étude de la Bible, de la Mischna, etc. Quant à Tsarphati, il faut croire qu'il avait alors un chat (*b*) dans la tête. C'est ce chat, sans doute, qui, en grandissant, a porté, pondu, couvé cette nuée de petits serpents, aspics et scorpions, qui s'échappèrent un beau jour (il y a vingt ans) par la bouche de l'homme, pour baver leurs poisons sur toute la terre.

4. Il déclare encore pouvoir « assurer avec certitude « qu'il n'existe pas un seul israélite à Metz, ni rabbins, « ni professeurs, qui sache lire l'hébreu correctement. » Demandez un peu à cet extravagant à qui d'entre nous s'adresse cette assurance, ou qui d'entre nous la lui a demandée; ou s'il importe beaucoup aux abonnés de M. Blanc de savoir si les Juifs savent dire leurs prières ou non, s'il les récitent en hébreu ou en patois? Au surplus, il avait si beau jeu dans son système de faciles mensonges : que ne déclarait-il que dans toute la France, il n'existe pas un seul juif

---

(*a*) Proverbes.

(*b*) Le chat, dit le Thalmud, est de tous les animaux le plus sujet à l'oubli. C'est pourquoi les Juifs le prennent pour symbole d'une mémoire labile. (*Note du trad.*)

sachant lire l'hébreu? que ne certifiait-il, cet homme si véridique et si digne de créance, que dans toute la terre habitable, que dans tout l'univers il n'est pas un juif qui sache une panse d'*a*, sauf Tsarphati, qui n'ignore de rien? — « Mais il passerait pour un hâbleur, pour un fourbe.... » — Qu'importe? doit-on s'arrêter en si beau chemin? Pour l'homme de bien, sans doute, tout mensonge est odieux, fût-il gros comme un grain de sénevé : mais celui qui se permet la plus petite imposture peut mentir à son aise; qui ment pour un œuf, mentira pour un bœuf; qui ment à l'égard de sa ville, mentira à l'égard de l'univers; qui ment à la mémoire de son maître, mentira à son Dieu!.... Et maintenant, ô Tsarphati, apprends de moi jusqu'à quel point tu es croyable. Tout juste autant que le juif apostat Pésahh (*a*), qui se faisait appeler Piétro. Ce juif, sous le premier de ses noms, était flétri comme impie; sous le second, comme imposteur et lâche.

5. Il se présenta un beau jour devant le vertueux pape Marco, pour noircir les Juifs à ses yeux, et parvenir à les faire apostasier ou à les exterminer du Saint-Siége. Marco le juste démontra par bonnes raisons, à Piétro le méchant, que jamais cette infâme pensée ne réussit à ceux qui la conçurent. Il lui cita entre autres l'exemple d'Hâman'-ben-Hamdatha (*b*). Là-dessus Piétro prétendant qu'Hâman' n'avait pas été pendu pour avoir voulu du mal aux Juifs, mais pour avoir cherché à abuser de la reine dans son propre palais, le pieux Marco s'écria, indigné : — C'est donc pour de pareilles impostures que, rompant avec ta secte, tu t'es introduit dans mon palais! Apprends que, « sur la déclaration formelle du Roi, on pendit Hâman' au gibet pour avoir porté sa main sur les Juifs (*c*). » Telle est l'anecdote

---

(*a*) Ce nom répond au nom chrétien *Pascal*. (*Note du trad.*)
(*b*) Le célèbre Aman, favori d'Assuérus. (*Note du trad.*)
(*c*) Texte de la Bible : voir Esther. (*Note du trad.*)

de Piétro, Tsarphati ! C'est sur de pareils hommes que David disait : « Étends ta main du haut des cieux, et délivre-moi des grandes eaux et de la main des Gentils ; car leur bouche profère la fausseté, et leur droite (c'est-à-dire leur assurance) consacre l'imposture (*a*). »

6. Tsarphati donne à l'école où il a étudié le nom d'*étable*. Il est vrai, c'était une humble étable où vivaient de pauvres et timides agneaux...., lorsque tout-à-coup vint s'y impatroniser le *putois* (*b*), arrivant des îles de la mer. Les agneaux ne pouvant supporter ses nauséabondes exhalaisons, le berger le poussa hors du bercail en lui criant : Va rejoindre tes pareils ! — Moi et mes anciens camarades, nous affirmons le fait, et j'en reparlerai à la fin du chapitre.

7. Il n'y a pas jusqu'à la pierre et au bois, qui ne soient l'objet des mensonges de Tsarphati. La salle où il a étudié subsiste encore aujourd'hui. Elle a 4 aunes $\frac{1}{8}$ de long, 2 aunes $\frac{2}{3}$ de large, ancienne mesure de Paris. Le nombre des enfants qui la fréquentaient n'a jamais été que de 8 à 10. Le maître, R. Israel, mon parent, respecta et fit respecter toujours autour de lui la décence, sur sa personne, dans sa maison, partout. Cela n'était-il pas très-passable ? et « bâtit-on un palais à l'araignée » (*c*), Tsarphati ?

8. Il blâme encore nos respectables pères à l'égard de la promiscuité des sexes, en s'exprimant ainsi : « On nous entassait pauvres et riches...., garçons et « filles, pêle-mêle..... » Or, chacun sait que la promiscuité nous est sévèrement interdite, dans l'école comme dans la synagogue, dans l'allégresse et les fêtes comme dans le deuil et l'oraison funèbre. Cela

---

(*a*) Psaumes.

(*b*) On sait que le nom de cet animal dérive du verbe *puer*. C'est l'allemand *Stinkthier*. (*Note du trad.*)

(*c*) Imité de la Bible : Prov. (*Note du trad.*)

ressort de la fin du cantique de la Mer-Rouge et de la fin du livre de Zacharie. Il est vrai que l'on ne s'est jamais fait scrupule, chez nous, de mettre sur les mêmes bancs les garçons et les filles jusqu'à l'âge de 4 ou 5 ans; mais Tsarphati!! oh! Tsarphati a bien une autre allure! Si haute est sa piété, si éminente sa sainteté, si colossale sa continence; tant d'émanations célestes ont enveloppé la substance de son âme, lorsqu'elle se détacha radieuse du trésor des âmes pour entrer dans le sein de sa mère, que, le jour où elle devait en sortir, elle ordonna, cette âme, aux femmes qui la soignaient, de lui tenir les yeux fermés comme ceux d'une taupe durant toute son enfance, afin qu'elle ne commît pas l'irrévérence grande de regarder en face une petite fille de 3, 4 ou 5 ans. De quel côté se sont tournés, depuis, les regards du sieur Tsarphati, — nous ne saurions trop le dire; mais le présent nous enseigne le passé, et nous en conclurons que le mal, et jamais le bien, n'a été au bout de son rayon visuel. Seulement comme, à l'heure qu'il est, ce Monsieur est tombé en enfance, il a repris sa continence première; et le voilà baissant la paupière, cheminant humblement, à l'instar

> Du grand homme de Pethòr,
> Balaam fils de Behòr,
> Sur le sommet du Pehòr (a).

9. Que si un lecteur est surpris de voir Tsarphati s'indigner contre ses défunts parents qui l'ont mis en classe côte à côte avec des pauvres, celui-là s'étonnera davantage quand nous lui dirons que son séjour parmi ces pauvres a été de courte durée. Car R. Israel, voyant que c'était un mauvais écolier, et que ses chétifs

---

(a) Ces rimes sont dans l'original. Le *grand homme* est mis par ironie. Quant à Balaam, c'est celui de la Bible, si célèbre par son ânesse. (*Note du trad.*)

camarades ne pouvaient plus supporter le poids écrasant de son opulence, comme celui de ses hautes qualités, prit un matin mon richard par les épaules et le mit à la porte de son école. Seul, comme une bête fauve, il demeura confiné à la maison. On lui donna un gardien (M. Laza, depuis établi à Thionville, et alors étudiant en théologie), dont les fonctions consistaient à l'accompagner partout, pour l'empêcher de se ruer à droite et à gauche et de faire du mal aux passants.

10. Si l'on n'a jamais connu personnellement Tsarphati, que l'on fasse ici une pause. Qu'on jette un regard sur le passé; qu'on y voie Tsarphati enfant, sortant dépité de l'école, furibond et faisant rage, écumant des lèvres, papillotant de la prunelle, trépignant des pieds, et, avant de fermer la porte, se retournant plein de mépris vers ses camarades indigents et crottés, pour leur jeter sa dernière grimace avec son dernier adieu.....

11. Mais est-il possible qu'un homme qui sans doute fait profession d'aimer Diogène, le pauvre, dédaigne à tel point les pauvres? Ne savons-nous pas que « les pauvres sont le patrimoine de l'Éternel (a)? » Ne lisons-nous pas dans Isaïe : « Les cieux sont mon trône...., et ce qui fixe mes regards, c'est le pauvre, c'est l'homme qui souffre? » dans les Psaumes : « Il n'a ni mépris ni dédain pour le chétif; il ne lui cache pas sa face, il est propice à sa prière? » — Mais en voilà trop : il est temps de nous borner, de mettre fin à une tâche aussi fastidieuse qu'humiliante. Rappelons seulement à Tsarphati, avant de clore cet alinéa, qu'au milieu de ses grandeurs, lui aussi n'est qu'un pauvre homme; que l'impureté, l'ordure, la difformité furent toujours son partage; de telle sorte que chacun le fuit à la ronde, et qu'enfin

« Jean s'en ira comme il était venu. »

(a) Exode.

CHAPITRE VI.

6e Alinéa.

« En sortant de ces égouts pédagogiques, il se faisait un
« premier départ. L'enseignement scolaire, pour les jeunes filles,
« s'arrêtait là ; mais les garçons passaient dans les classes in-
« termédiaires, dites chambres du Pentateuque, parce qu'on
« s'y occupait principalement de cet ouvrage. Mais on s'en
« occupait encore d'une bien singulière manière. On sait que
« le Pentateuque est divisé en sections dites *sidra*, et la sidra
« en chapitres dits *perek*. Chaque jour de sabbath, le chantre
« lit, à haute voix, une de ces sidra dans la Synagogue ; ou,
« plus exactement, il la chante d'après des signes musicaux
« adaptés à ce genre de récitation. La durée de cette lecture
« complète du Pentateuque, longtemps quinquennale, puis trien-
« nale, est maintenant partout annuelle ; mais toutefois, dans
« la Synagogue réformée de Hambourg, on est revenu au
« cycle triennal. Or, dans les écoles on s'astreignait à expli-
« quer, chaque semaine, la sidra courante, et comme le cycle
« annuel rend les sidra très-longues, on était réduit à ne
« traduire que les premiers chapitres de chaque section heb-
« domadaire. Ainsi, les élèves, parcourant successivement une
« suite de sujets qui n'avaient aucune liaison les uns avec les
« autres, ne pouvaient avoir aucune idée de l'ensemble. On
« traduisait l'hébreu biblique, si pur, si beau, si mélodieux,
« si nerveux, dans cet ignoble patois judaïque qui n'a son ana-
« logue que dans l'argot des Vidocq, et qu'on ne rencontre
« plus que dans la basse classe de la rue de l'Arsenal ou dans
« la haute école thalmudique du même *ghetto*. L'enseignement
« se donnait en chantant, le maître et les élèves, tous à la
« fois ; et comme les enfants ne demandent pas mieux que
« d'avoir une occasion de crier, je me rappelle avoir pris part
« à cet épouvantable tintamarre avec un plaisir indicible. J'ai
« souvenance aussi d'un certain maître nommé *Rabbi Israel*,
« et surnommé *Chazio*, nom hébreu du pourceau : il passait
« pour tel, même chez les Juifs ; et certes, si quelqu'un avait
« à se plaindre d'une telle qualification, c'était bien plutôt
« l'animal que l'homme. Je laisse à juger de l'ordre et de la
« propreté qui régnaient dans ces classes. »

EXAMEN.

1. Pour le coup, Tsarphati donne l'essor à toute sa
verve ; c'est un ouragan gros de mensonges, c'est une

tempête qui enfante l'iniquité. Pour nous, procédons plus posément, et rabattons un peu tout ce caquet ; faisons-lui avaler le fétide calice qu'il nous présente, et, tandis qu'il s'évertue à la ruse et se vautre dans l'imposture, convoquons tous les balais de l'univers, et crions-leur : Balais, balais ! accourez tous ! balayez, balayez bien, il a pollué tout le pays à la ronde !....

2. « La sidra, nous apprend Tsarphati, se divise « en chapitres dits *perek.* » Mensonge. Il n'a jamais été question de *perek* chez les Juifs pour les divisions de la Bible, soit en sedarim, soit en sections masoréthiques : nous disons *paraschah, paraschoth,* et la dénomination *péreq, peráqim,* est réservée à la Mischnah ou loi orale. — Ici, selon mes conjectures, l'erreur Tsarphatique provient de ce que, l'hébreu étant pour lui lettre close, il est réduit à s'adresser aux autres langues et à vivre sur des traductions. Or, Saint Jérôme, qui le premier traduisit la Bible en latin, la partagea tout entière en sections assez arbitraires qu'il nomma *chapitres;* cette division fut adoptée, dans la pratique, par les moralistes, les prédicateurs, les casuistes chrétiens. Lorsque, il y a environ quatre siècles, l'imprimerie fut découverte, et que le goût et l'étude de la langue sainte se furent répandus dans les écoles et les facultés chrétiennes, la division en chapitres se glissa, s'introduisit et resta dans les bibles hébraïques. Que Tsarphati ouvre donc les yeux; qu'il apprenne à distinguer la paraschah du péreq, et qu'il sache enfin.... qu'ici, comme partout, il a menti.

3. Tsarphati continue : « Le chantre chante une « sidra dans la synagogue, d'après des signes musicaux « adaptés à ce genre de récitation. » Cela est faux encore. Tsarphati, dans son enchevêtrement de mensonges, ressemble à de la maculature barbouillée d'absurdités : faites disparaître les taches, vous verrez les absurdités ressortir. Ces *signes musicaux* sont faits pour

être lus et médités de TOUT ISRAÉLITE, jeune ou vieux, hors de la synagogue comme dans son enceinte. Quiconque lit, étudie ou enseigne nos livres saints et n'est pas au fait des signes musicaux, celui-là ne saisira jama's la véritable entente des versets de la Bible, depuis Berêschith jusqu'à Letôbah *(a)*.

4. Pourquoi n'ouvre-t-on pas les yeux à cet aveugle, pour lui montrer les recherches laborieuses et profondes auxquelles se sont livrés tant d'hébraïsants, juifs et autres, afin de comprendre la pensée qui créa tous ces signes; afin d'apprécier, de concevoir leur merveilleuse ordonnance, leur échelle harmonique, leur savante combinaison, le sens expressif qu'ils renferment? Tous unanimement, ces savants attestent et proclament qu'il est impossible à la science humaine de produire un pareil système de signes, sans une spéciale inspiration d'en haut.

5. Onqelos a revisé le thargoum *(b)* chaldaïque d'Esdras, sous la direction de ses maîtres R. Eliézer et R. Josué; cette traduction, dans les âges suivants, a fait l'admiration des doctes. Eh bien! il nous est imposé de réciter le Pentateuque deux fois avec les signes musicaux, et une fois seulement dans la traduction d'Onqelos : preuve et de l'antiquité de nos signes et de la profonde attention qu'ils exigent. Je te conseille donc, ô Tsarphati, de laisser en repos ces notes harmonieuses, ton oreille n'est pas façonnée à les comprendre. Prends plutôt une vielle, cours le pays, chante et racle et débite tes propos injurieux, peut-être fera-t-on attention à toi....

6. « La durée de la lecture du Pentateuque a été

(a) C'est l'alpha et l'oméga. *Berêschith* est le premier mot du premier livre de la Bible, la Genèse; *Letôbah*, le dernier mot du dernier livre, Néhémie. (*Note du trad.*)

(b) On écrit ordinairement *targum*, mot pour lequel les dictionnaires indiquent ridiculement la prononciation *targom*. (*Note du trad.*)

« longtemps quinquennale. » Encore une fausseté.
D'après ce que nous avons ouï dire du caractère de
l'homme à gens qui le connaissent, il n'est guère dans
ses habitudes de dire ou de vouloir du bien à personne.
Ici pourtant il semble se radoucir ; il traite bien ses
co-religionnaires ; il nous accommode le Pentateuque
avec une symétrie , une régularité charmante : les
cinq livres pour cinq ans, un livre par année, rien
de mieux entendu. Mais hélas ! « le mauvais n'a que
des voies mauvaises (a) ; » un cœur bas ne sera jamais
noble : Tsarphati est donc menteur, et sa générosité est
menteuse. Ce qui le prouve, ce mensonge, c'est l'ordre
invariable et constant de nos lectures sabbatiques ; ce
sont les préceptes , les cérémonies , les usages qui s'y rat-
tachent. Cet homme est habitué à recruter bien loin,
pour attester ses impostures , des témoignages qu'il
déterre on ne sait où ; mais le Thalmud n'est pas tellement hors de notre portée, qu'on ne puisse défier
Tsarphati d'y trouver un appui à son assertion. Que
si, poussant sa pointe, il nous fait accroire, je suppose,
que le fait a lieu dans les synagogues du Kamtschatka ,
à la bonne heure ! nous l'y enverrons faire sa lecture
quinquennale, et grand bien lui fasse !

7. Il ajoute « que les élèves ne traduisant que les
« premiers chapitres de chaque section, n'avaient au
« bout de l'année aucune idée de l'ensemble. » — Eh!
misérable menteur, qui te joues de la bonne foi publique, ne te souvient-il plus, comme à moi, que nous
avons étudié jadis dans le même local, moi à un étage
supérieur, toi au rez-de-chaussée ; que mes camarades
et moi, enfants de 7 ans plus ou moins, nous appre-
nions chaque matin une feuille du Thalmud, chaque
après-midi une paraschah de la section courante avec
le commentaire de Raschi (b), et une autre tirée des

(a) Pensée biblique (Isaïe). (*Note du trad.*)
(b) Nom acrostiche que les Juifs donnent à Iarhhi. (*Note du trad.*)

Prophètes ou des Hagiographes? Et toi, que faisais-tu alors? tu allais pleurnichant et grognant, mangeant à cœur-joie, injuriant tes camarades et irritant tes maîtres. Et maintenant que tu es retombé en enfance, pleure encore et te lamente, pour réparer tes fautes; pleure — parce que tu as dépensé tes peines pour la chimère et tes labeurs pour le néant; — parce que tu as ambitionné la gloire et n'as obtenu que le mépris, tu espérais des honneurs et n'as recueilli que la honte!

8. Et l'on se demande dans toute la Moselle : Quelles niaiseries cet extravagant vient-il nous corner aux oreilles? et que nous importe de savoir ce qu'apprenaient les enfants juifs il y a cinquante et soixante ans? A mon tour aussi, je m'étonne et je me demande : Est-ce donc là la science du personnage et le fruit qu'il en tire? Hé, bon dieu, ne ferait-il pas mieux de repasser ses études et d'aller répétant : « 9 fois 9 font 81... » que de s'amuser à ce tripotage? Ou s'imagine-t-il, le brave homme, qu'il est le phénix de la géométrie et du calcul, et qu'à ce titre chacun doit respecter sa parole?

9. Or donc, puisqu'il se croit propriétaire de la science infuse et doué de tous les trésors de la parole; puisqu'avec ces armes d'emprunt il prétend anéantir notre pacte religieux, Loi et Traditions, qu'il se construise une tour dont le sommet touche le ciel : sa toise à la main qu'il y monte, qu'il mesure l'espace dans toutes ses dimensions; et quand il aura fini, libre à lui de bouleverser toutes les lois du ciel et de la terre, de se poster au sommet de sa tour, et d'y proclamer l'appel désorganisateur : « Anarchie, anarchie! plus « de religion, plus de gêne! car.... AINSI PARLE L'ÉTER- « NEL, QUI A CRÉÉ LE SOLEIL POUR BRILLER LE JOUR, LA « LUNE ET LES ÉTOILES POUR ÉCLAIRER LA NUIT; QUI FAIT « BOUILLONNER LA TEMPÊTE A LA SURFACE DES MERS, ET « QUI S'APPELLE SEBAOTH : — SI LES LOIS DE LA NATURE « SONT JAMAIS ANÉANTIES, LA RACE D'ISRAEL S'ANÉANTIRA

« Parmi les peuples. — Si jamais l'on mesure les cieux,
« dans les hauteurs; si, dans les profondeurs, on calcule
« les bases de la terre, je rejetterai alors la race
« d'Israel pour ce qu'elle a fait; dit l'Éternel (a). »

10. Je me figure que Tsarphati, étant vu partout de mauvais œil, et dans la ville où il demeure, et dans sa propre maison (car qui peut aimer un orgueilleux?), se décida enfin à quêter ailleurs cette affection qu'il ne trouvait pas chez lui. Pour cela il prit une vieille cornemuse, chiffonnée et rapetassée, y enferma quelques morceaux de poterie, et vint se camper sur les rives de la Moselle. Là il roucoulait de la gorge, faisait sonner sa machine, et exécutait des sauts et des culbutes pour le plus grand amusement des passants. Tout à coup haletant, essoufflé, rendu, il trébuche, il tombe; son gosier devient rauque, sa cornemuse jure avec aigreur, et les passants de s'enfuir en se bouchant les oreilles.

11. Mais que peuvent tous les assauts, tous les revers, contre une volonté grande et forte? La foule écoulée, mon homme sort de sa torpeur, revient à la charge, se déchaîne et se démène de plus belle contre tous ses frères, — parce que R. Israel n'a pas su lui traduire la Bible dans un allemand élégant et pur.

12. Or, pour peu qu'on s'y connaisse, on conçoit sans peine qu'un pauvre magister, la plupart du temps, n'est pas assez habile pour rendre avec élégance les mystères de la Bible, moins encore pour les accommoder à sa fantaisie. C'est pourquoi les maîtres d'hébreu ont toujours consulté les traductions antérieures, faites à différentes époques, et dont la correction était en raison des progrès successifs de la langue allemande. Telles sont les versions de R. Eliahou-Hallévi, de R. Yekouthiel, de R. Zousman, de R. Joseph-Alexandre, etc.

13. A mesure que les Français et les Allemands ga-

(a) Le passage en petites capitales est tiré de Jérémie. (*Note du trad.*)

gnèrent en industrie et en connaissances, leurs langues gagnèrent également en richesse, en énergie, en beauté.

Et comme Mendelssohn était aussi habile écrivain que profond linguiste, il entreprit, avec ses confrères, une nouvelle traduction de la Bible, claire, facile et élégante. Cette entreprise eut un plein succès, et immortalisa son auteur.

14. — Revenons à l'adolescence de Tsarphati, qui, croissant en années et en sagesse, ne cessait de contrecarrer père et mère, et de les désespérer par sa conduite. Mais un père est toujours père : le sien habilla notre marmot comme un homme, le dora sur toutes les coutures, et l'installa dans le cercle d'excellents penseurs qui se réunissaient chez lui. Alors on apporta un énorme in-folio barbouillé et bigarré de points, de barres, d'angles, de triangles, de sphères, de cercles et d'arcs de cercle ; sur quoi le papa dit : Mon fils ! étudie bien tout ceci, et le ciel te sera ouvert, et je t'y achèterai un grand château dans la planète d'Uranus à côté d'Herschell ; et tu seras logé bien haut, bien haut, par-dessus tout ce qu'il y a de plus haut : ah ! ne loge pas qui veut dans la planète d'Uranus ! — Mais Tsarphati faisait toujours la sourde oreille.

15. Là se trouvait par hasard un homme sage et plein d'expérience, bonne tête, cervelle profonde, grand débrouilleur d'hiéroglyphes. Entraîné par son affection pour le père *T.*, comme aussi peut-être par l'appât de certain métal, il lui dit : Ne t'inquiète pas de ton fils ; je me charge de lui fourrer (*a*), de lui pousser de force tout ce grimoire dans le ventre : points et lignes, cercles et centres, triangles et quadrilatères, en quelques années il aura tout avalé. Et s'adressant au moutard : T. mon fils, mon fils T., cet Uranus dont

---

(*a*) Pour apprécier l'intention de l'auteur, il est nécessaire de lire ce mot dans le texte. (*Note du trad.*)

ton père t'a parlé n'est autre que la planète de Méroz (*b*), si odieuse aux Juifs, elle avec ses habitants. A ces mots, Tsarphati reprit courage, se saisit de l'in-folio, s'en empiffra, s'en gorgea à bouche-que-veux-tu, chanta pouilles à son maître Israel et à ses camarades, et trente ans ne s'étaient pas écoulés qu'il régnait triomphalement dans Méroz.

16. A cette époque, Tsarphati entendant préconiser partout la belle traduction de Mendelssohn, dit en son cœur : « Voici, je suis roi de Méroz ; pourquoi donc les Juifs n'ont-ils pas songé à m'honorer, en faisant tout exprès pour moi une traduction correcte et soignée, comme ils le firent jadis pour Ptolémée, roi d'Egypte ? — Or ça, quand je retournerai dans ma capitale, je tuerai sans miséricorde tous les Juifs de Méroz. »

17. Tout ce qui précède sont de pures vérités.... des vérités à la Tsarphati, du moins. Revenons un peu à travers ce fétide cloaque, alimenté sans cesse des impures déjections de Tsarphati. Que celui qui osera m'y suivre se tienne ferme ; qu'il retrousse avec soin les pans de son manteau, et qu'il prenne garde de s'empêtrer dans ce bourbier de mensonges.

18. L'écrivain en question a fait appel à la nombreuse population de la Moselle, pour assister à sa complainte et à son éloge funèbre d'Ensheim. — Or, nous requérons deux conditions dans tout éloge funèbre : la première, c'est que l'on mette en lumière les qualités sociales du défunt, ses qualités religieuses, sa charité.

19. Qualités sociales : il eut toujours des relations amicales et bienveillantes avec tous, jusque dans son intérieur ; il se garda de toute pensée mauvaise à l'égard de ceux qui furent en paix avec lui ; il ne fit jamais à d'autres ce qu'il n'aurait pas voulu qu'on lui fît.

(*a*) Méroz est mentionné avec une formule d'imprécation, dans l'hymne de Déborah (Juges). Selon les idées naturelles, Méroz est une ville ; selon le Thalmud (fondé sur un verset précédent), c'est un astre. (*Note du trad.*)

20. Qualités religieuses : il ne cessa jamais de méditer ou d'enseigner quotidiennement une section de la loi divine ; chaque jour sa tâche, petite ou grande, d'autant plus louée qu'elle a été plus grande ; ou bien, il a sustenté ceux qui s'occupent de l'étude et de l'enseignement de la Loi, ainsi que leurs disciples, selon le précepte de David au commencement des Psaumes.

21. Qualités du cœur, ou charité : s'il a été habile, puissant ou riche, on retrace le dévouement avec lequel il mit son habileté, sa puissance ou sa fortune au service des hommes ; on dit ses bienfaits et ses aumônes, les veuves qu'il a secourues, les orphelines qu'il a dotées, les indigents auxquels il donna du pain, les opprimés dont sa maison fut l'asile. Car ainsi parle Jérémie : « Que l'habile ne soit pas loué pour son habileté, ni le fort pour sa puissance, ni le riche pour sa richesse ; celui qui mérite des louanges, c'est l'homme qui sait me connaître et m'imiter, qui sait que je suis l'Éternel, ami de la bienfaisance, de l'équité, de la charité, et des hommes qui exercent ces vertus sur la terre. »

22. Le second principe de l'éloge funèbre, c'est qu'il ne doit renfermer aucune parole fausse et mensongère, ou hyperbolique et outrée. Celui qui, dans l'éloge d'un mort, appelle le mensonge à son aide, fait tort et à lui-même et à l'homme qu'il pleure.

23. Eh bien ! tous les faits qui ressortent de l'éloge d'Ensheim ; toutes les qualités, toutes les actions qui ont pu marquer son existence sur la terre, se réduisent à deux : « 1° il fut le Nestor des réformateurs fran ais ; 2° il fut un élève de la grande école de Mendelssohn. »

24. J'ai déjà fait savoir à Tsarphati qu'il ment sur le second point ; car Ensheim, il y a environ cinquante ans, se rendit à Berlin pour y faire argent de ses connaissances en français et en mathématiques : il donna des leçons dans la maison de Mendelssohn comme dans d'autres maisons, mais il ne fut pas son élève et n'eut jamais rien de commun avec son école.

— 46 —

25. Reste donc l'article *Réformateur*. Pour le coup, voilà une énigme inextricable, et qui mérite nos plus sérieuses réflexions. Le Sage couronné a dit (*a*) : « Crains Dieu, mon fils, et le Roi ; ne t'associe pas aux réformateurs. » Or, s'il est défendu de sympathiser avec ceux qui font des réformes, à plus forte raison d'en être le chef et le Nestor ; si avec ceux qui les *font*, à plus forte raison avec ceux qui les *propagent*. Le *propagateur* d'une réforme religieuse, c'est l'homme qui lie ce que la religion a délié, qui délie ce qu'elle a lié ; qui déclare pur ce que la foi dit impur, innocent ce qu'elle proclame coupable. Le propagateur d'une réforme mutile les dogmes, abolit les rites, ajoute et retranche, brouille et bouleverse ; nouveau Jéroboam, il entraîne dans la perdition et lui-même et les imbéciles qu'il dupe. Il ébranle sans cesse, par des brèches nouvelles, l'édifice de la religion, jusqu'à ce que le précieux rempart soit démantelé. Et qui peut être capable d'une si audacieuse tentative, si ce n'est un monstre ennemi du peuple et de sa croyance (*b*) ?

26. Eh bien! ces sentiments haineux, jaloux ou malveillants, Ensheim ne les a jamais montrés, soit en matière religieuse, soit partout ailleurs. Ensheim, dans sa jeunesse, avait étudié le Thalmud avec un succès extraordinaire ; il était appelé à primer un jour dans la théologie. Mais il arriva qu'au plus fort de ses études il fit une pause et se prit à réfléchir. Il comprit que la science théologique, pour être approfondie, a besoin de l'auxiliaire d'une multitude de sciences profanes : l'astronomie, les mathématiques, la géographie, l'agronomie, la botanique, la médecine, l'anatomie, les sciences naturelles et métaphysiques, et une foule de connais-

----

(*a*) Prov.

(*b*) Imité de la Bible : Esther. (*Note du trad.*)

sances pratiques et matérielles. Ensheim se dit alors :
Je veux me faire de toutes ces sciences un large faisceau,
je reviendrai ensuite m'abreuver à ma source première.
— Puis, à force de s'éloigner de cette source, à force
de s'aventurer dans des régions nouvelles, il perdit les
autres de vue ; il se creusa et se cimenta des citernes où
il se plongea, se désaltéra, et trouva un peu d'or et un
peu d'honneurs. Au reste, Ensheim fit en cela ce que
beaucoup d'autres avaient fait avant lui, ce que beaucoup feront après ; mais nous ne sachions pas qu'il soit
revenu de gaîté de cœur aux sources de son enfance
pour en troubler les eaux, pour en souiller la pureté.
Et toi, Tsarphati, tu souilles et le nom d'Ensheim et
toutes les eaux des citernes où il a puisé.

27. Ajoutons à ces considérations que notre Foi,
cet arbre de vie et d'immortalité que nous cultivons
avec amour, se trouvait déjà implantée en germe aux
premiers jours de la création, il y a 5 mille 6 cents ans.

Et d'abord, dans les deux premières des cinquante-
quatre sections de notre loi, — depuis la création du
monde jusqu'à la vocation d'Abraham et l'érection de
son premier autel, — se révèlent déjà à nos yeux
l'*existence* de Dieu, son *unité*, son *éternité*, sa *toute-
puissance*, sa *suprématie*, sa *royauté*, son *essence*
invisible et ses *émanations* visibles, son *inspiration*
prophétique, sa *providence*, son impartiale *rémunération*. Il impose à ses créatures une doctrine et des
préceptes, des lois et des règles : elles y obéissent.
Il fait élection de certains hommes, à certaines époques,
en certains lieux déterminés par lui. Il répartit également d'autres créatures en mondes et immondes, en
pures et impures, en prohibées et permises. Il complète ces lois par des enseignements d'une haute instruction.

28. Puis, l'arbre de la foi déjà projette de vigou-
reux rameaux au temps des patriarches, comme il est

dit dans la Genèse : « Parce qu'Abraham est docile à ma voix, et qu'il observe ma discipline, mes instructions, mes décrets..... »

29. Bientôt, au temps des tribus, l'arbre se couronne de fruits comme le Liban ; car, joyeuses comme des triomphateurs, elles partent pour l'exil, toutes d'un même accord, accomplissant ainsi l'ordre de l'Éternel à Abraham. Là, elles refusent l'empire et la domination qui leur sont offerts, et ne demandent au roi du pays qu'une terre d'exil où elles puissent vivre ensemble, conserver pure et inaltérée la foi de leurs pères, et guider leurs enfants dans les voies du Seigneur.

30. Israel délivré de l'Égypte, la foi est proclamée l'ARBRE DE VIE ; il touche les cieux de sa cîme, et protége la terre de son vaste ombrage. Ce fut d'abord dans les solitudes de Sinaï, car là il nous fut dit (*a*) : « L'homme qui accomplit ces préceptes gagne la vie ; » puis sur les rives du Jourdain, car il nous fut dit alors : « Ceci est ta vie (*b*) ; » « ceci est votre vie (*c*). »

31. Alors le glaive flamboyant de la malédiction se dressa entre le mont Garizim et le mont Hébal, pour protéger l'arbre de vie ; car là, après avoir accepté à perpétuité sa croyance, le peuple se réunit, et il fut dit (*d*) : « Malédiction sur l'homme qui n'accomplira pas fidèlement toutes les paroles de cette loi ! » — Et tout le peuple répondit : Amen.

32. Maintenant donc, ô Tsarphati, daigne m'apprendre où demeurait Ensheim, et comment il put esquiver le glaive protecteur, lorsqu'il se fit le réformateur d'une croyance qu'escortent de pareils souvenirs ? Serait-ce dans ton château de Méroz ? Mais qu'a de commun le château de Méroz avec la croyance ?

(*a*) Lévitique. — (*b*) Deutéronome. — (*c*) *Idem.*
(*d*) Deutér.

un château livré au chaos et à la subversion; un château impur et impie, profane et profanateur. Serait-ce hors de Méroz? Mais qui a jamais consulté Ensheim sur un cas de conscience? Ensheim était-il donc rabbin? avait-il donc pouvoir de lier et de délier?

33. Et quand Ensheim eût été rabbin ou casuiste; et quand il aurait été flanqué de cent mille autres rabbins, voire même prophètes, tous ensemble n'auraient pas eu la puissance de supprimer même la *verbération* des saules au septième jour de Souccoth, ce qui n'est pourtant qu'un usage. Et quand tous les sages d'Israel se mettraient dans un bassin de balance, et que dans l'autre on mît seulement l'*œuf* défendu par l'académie du vénérable Hillèl, ou le *calendrier* des secondes et fractions de secondes qu'il hérita du roi David son aïeul, c'est le second bassin qui l'emporterait. Et fussent-ils tous aussi doctes que Hillèl et Schamaï, ils ne parviendraient pas seulement à nous faire déplacer l'œuf, ou à altérer d'une seconde en plus ou en moins le saint calendrier; et tant que le monde sera monde, le plus minime changement leur serait impossible.

34. Tout docteur qui, de dessein prémédité, permet ou prohibe un point quelconque contrairement aux principes reçus en théologie, celui-là mérite un blâme officiel; et si sa position commande le silence, on est en droit du moins de lui dire : Va retrouver tes pareils, les élèves d'Épicure (*a*), puisque les eaux furtives et le pain de la fraude (*b*) te sont si chers!

35. Vois à présent, stupide Tsarphati, vois comme tu t'es enferré dans tes propres paroles! Tu t'étais emparé d'Ensheim comme d'un piége où tu voulais

---

(*a*) Épicure est regardé, dans le système thalmudique, comme le patron du schisme, de la réforme et de l'irréligion en général. (*Note du trad.*)

(*b*) Expressions du livre des Proverbes. (*Note du trad.*)

faire tomber la mémoire de R. Israel, et tu as fait mille fois plus de tort au premier en le flétrissant du titre de *Réformateur*.

36. Or, je te déclare, Tsarphati, qu'enfin j'ai le mot de ton énigme, et que je vais le communiquer à ceux qui ont lu tes paroles et les miennes. Il faut que chacun soit bien et dûment informé de tes fredaines, à cette fin que tu n'attrapes plus personne.

37. Lorsque Tsarphati se fut largement repu de son in-folio de cercles et d'arcs de cercle, il fit d'abord demi-tour en haut vers la planète de Méroz en disant : « De qui ai-je à m'enquérir dans le ciel? » puis demitour ici-bas en vociférant : « J'abhorre ton peuple sur « la terre (*a*). » Et il rumina dans sa pensée, et il résolut de sauter par-dessus le Glaive providentiel, d'abattre les branches de l'arbre, et les feuilles, et les fruits. Pour ce faire, il soudoya quelques badauds tout bouffis d'eux-mêmes et de leur patron; entre autres le Prêtre des hauts-lieux, excellent lévrier, aux yeux sémillants, au museau effilé comme Gômèr-bath-Diblaïm (*b*); prompt à faire courbettes et révérences à qui possède des écus. Et ledit Prêtre régalait l'idole de son impur encens et de ses fétides holocaustes, et il en répandait la crème sur des feuilles de papier qu'il distribuait et faisait avaler à une foule de gobe-mouches qui les trouvaient excellentes.

38. Mais on donna à Tsarphati un avis charitable : « Garde-toi bien de tenter l'assaut : tu es un pygmée, et ton Kohèn des hauts-lieux est un nain; vous cheminez à petits pas comme le *paresseux* (*c*), tandis que la muraille que vous attaquez est haute et forte, défendue par de bonnes lames, et par la présence du Schabbath qui y siége et qui chante : — Le sot ne le

---

(*a*) Imitation, ou plutôt parodie d'un passage des Psaumes. (*Note du trad.*)
(*b*) Voir Osée.
(*c*) Quadrupède du Brésil. (*Note de l'auteur.*)

comprend pas, l'inepte n'en a pas l'intelligence......
mais mon œil plane sur mes remparts et mon oreille
entend les projets de mes agresseurs (*a*). — D'ailleurs,
ajouta-t-on, tu n'as pas assez bien aiguisé tes pioches,
chétif et ignorant sapeur que tu es! » Alors Tsarphati
dit en son cœur : Silence et patience, jusqu'à la mort
d'Ensheim! Nous montrerons alors aux Juifs notre
savoir-faire, et nous sauterons par-dessus les toits.

39. Ainsi fut fait. Ensheim mort, Tsarphati prononce une formule magique d'évocation, force l'ombre
du défunt à surgir du fond de sa tombe, l'empoigne,
la hisse au cou du géant Mendelssohn, vous plaque
le tout au plus haut de la tour de Méroz, et clame
d'une voix retentissante : « ÉCOUTEZ, ÉCOUTEZ CE QUE
« MURMURE LA VOIX ÉTEINTE D'ENSHEIM !

40. « Toutes les contrées de l'Asie et de l'Afrique
« sont des contrées saintes, et l'on peut y pratiquer
« la loi de Dieu; — les contrées de l'Europe sont
« des contrées impures, la loi de Dieu n'y est pas
« praticable.

41. « Toutes les 70 générations et demie écoulées
« jusqu'à la nôtre (*b*), étaient des générations saintes,
« elles pouvaient pratiquer la loi de Dieu; — la gé-
« nération actuelle, sous l'empire de Tsarphati le
« beau diseur, est une génération impure, la loi de
« Dieu n'y est pas praticable. »

42. Ces deux oracles ressortent avec une égale
évidence des factums de Tsarphati, et ils sont dus
apparemment aux insinuations d'Ensheim, disciple de
Mendelssohn, exhumé pieusement par le même Tsarphati.

43. Vacillant sur une surface de verglas en un
jour d'hiver, choisis maintenant, Tsarphati, où tu
préfères tomber. Car ta chute est infaillible; toutes

(*a*) Psaumes.

(*b*) Vingt-six générations jusqu'à Moïse; et depuis, 70 années par génération, d'après la *Prière de Moïse*, ps. xc. (*Note de l'auteur.*)

les paroles de ta bouche sont perfidie, fausseté, mensonge; et pour preuve, dans ta *pygméenne* oraison funèbre, également injurieuse à Ensheim et à Mendelssohn, je découvre trois impostures, ni plus ni moins.

44. Première imposture : Tu te moques du public en considérant Ensheim comme rabbin ou docteur de la loi, honneur auquel il ne s'avisa jamais de prétendre. C'est là un titre, en effet, qu'il nous est défendu d'ambitionner témérairement. Une vieille maxime nous dit : « Aime le travail et fuis les dignités. » Un sage disait aussi : « Toute place enterre son homme. » — De fait, une place comme celle de rabbin, comme celle de docteur, n'appartient qu'à l'homme apprécié pour tel par ses contemporains; à l'homme dont tous reconnaissent la prééminence théologique et religieuse. Que si un rabbin voulait être respecté pour ses connaissances en astronomie, par exemple, on lui répondrait : « La Religion n'est pas derrière les étoiles (*a*); » affirmât-il qu'il sait mesurer les eaux de l'Océan, on lui répliquerait : « Elle n'est pas au-delà des mers (*b*); » qu'il parle avec facilité les 70 langues, on s'écrierait : « Loué soit celui qui donne la parole à l'homme ! mais nous voulons, nous, qu'on nous expose les décisions de Maïmonide, de R. Joseph Karo, de R. Moïse Iserlès, et il est écrit : Nulle sagesse et nulle science ne prévaudront à l'encontre de l'Éternel (*c*). » Pour revenir à Ensheim, il fut toujours un homme de recherches et de labeur, et il est vrai de dire qu'il en retira des fruits glorieux et de la fortune pour ses vieux jours; mais de sa vie il n'a osé s'immiscer dans les questions théologiques.

45. Deuxième imposture : Tu donnes à entendre que ton héros réformait la foi de son autorité privée.

(*a*) (*b*) Imitations d'un passage célèbre du Deutéronome. (*Note du trad.*)
'(c) **Prov.**

Cette imposture est outrageante et scandaleuse, puisque les fonctions rabbiniques consistent essentiellement à diriger la communion dans toute sa conduite religieuse et morale, *d'après les autorités* généralement reconnues parmi nous. Mais permettre ce que la théologie défend, mais prohiber ce qu'elle autorise, il n'est pas un homme sur la terre qui ait un pareil droit.

46. Troisième imposture à faire dresser les cheveux, à faire grincer les dents contre son auteur, ô Tsarphati! c'est que, non content d'avoir attaché l'opprobre aux mânes du vieil Ensheim, tu as osé accoler à ce nom le nom de Mendelssohn. Ce nom, tu l'a mis en avant de tes mensonges pour leur servir de garantie et de sauve-garde, pour que le monde fût docile à ton cri : « Liberté! liberté plénière! de par Mendels-« sohn, tout est permis! »

47. Mais je t'adjure en ce moment, Tsarphati, de nous déclarer dans lequel des nombreux écrits de Mendelssohn tu as lu qu'il aurait eu l'audace sacrilége d'innover en religion? L'aurais-tu aussi évoqué de la tombe? son ombre aurait-elle conféré avec toi? t'aurait-il expédié le diplôme rabbinique au moyen d'Ensheim, que tu lui as octroyé pour disciple?....

48. Mais j'ai à te citer à mon tour *Mardochée Frie-denthal*, qui était réellement, lui, élève de Mendelssohn : or, écoute comme il est heureux et fier de rapporter les paroles de son maître!

49. Mardochée, discutant contre *Buchholz* et consorts dans son livre *des Principes*, s'exprime ainsi : « Qu'elles sont belles et judicieuses les paroles de Mendelssohn dans sa *Jérusalem!* les voici : Nous n'avons pas le pouvoir de changer une seule des dispositions de la Loi, à moins que son divin auteur ne nous y autorise expressément. » Mendelssohn, ajouterons-nous, émet la même assertion dans son commentaire de l'Exode, sur ce verset : « Voici, je viendrai vers toi dans un

épais nuage, » et Deutéron. sur ce verset : « Conformément à la doctrine qu'ils t'enseigneront. »

50. Et ce n'est pas pour nous, certes, que Mendelssohn a écrit ces paroles : tant s'en faut ! car les Juifs, pour croire à cette vérité, n'avaient pas attendu que Mendelssohn vînt la proclamer. Lui-même, d'ailleurs, n'est pas l'auteur de cette opinion ; il l'avait trouvée en toutes lettres dans les paroles des orateurs envoyés par les Juifs pour argumenter contre Lorki, renégat, en présence du pape Martin. R. Joseph Elbo (a) et don Vidal étaient les chefs de la députation, et voici ce qu'ils dirent entre autres arguments : « La Loi juive a été donnée à 60 myriades de spectateurs, au milieu d'un appareil extraordinaire, et par une révélation immédiate de la Divinité. Il ne nous est permis de l'abjurer qu'avec l'aveu de celui de qui nous la tenons. » Telles furent leurs paroles. Et que l'on ne croie pas que le pape eût appelé les Juifs à cette discussion dans une intention désobligeante ; au contraire, ils furent traités avec distinction avant et après l'audience. C'était Lorki qui avait provoqué cette conférence, pensant faire sa cour à Martin.

51. Dans le même sens répondit R. Mosché-ben-Nahhman au roi d'Aragon, qui lui reprochait de ne pas s'asseoir à sa table. « Sire, lui dit-il, que l'éclatante révélation de Sinaï vienne à se renouveler, que le Seigneur nous permette l'usage de tous les aliments, et vous verrez si nous nous en ferons faute, et si chacun, dans sa sphère, ne profitera pas de la permission. »

52. Autant en racontait don Alphonse, roi d'Espagne, sur le compte de deux députés des Juifs castillans, don Nospi-ben-Banbénischta et don Solim-ben-Yâïsch, lesquels discouraient ainsi en présence du Roi son père : « Six cent mille hommes, la gloire divine et les feux

---

(a) C'est-à-dire de l'île d'Elbe. On lit vulgairement *Albo*. (*Note du trad.*)

de l'empyrée assistèrent à la révélation : pour nous ôter la Loi, il faut le concours de ces mêmes circonstances qui nous la donnèrent. »

53. Or, cet argument de nos logiciens, ils le tenaient de leurs devanciers et ceux-ci des leurs ; cet argument remontait aux Sages, qui l'avaient reçu des Prophètes, qui le devaient aux Anciens, auxquels Moïse l'avait transmis. Une foule de passages et dans la Bible et dans la tradition le sanctionnent également ; mais je ne les citerai pas à Tsarphati, car je ne suis pas son pourvoyeur, et il ne s'entend que trop, sans moi, à faire ripaille, à sabler son vin, à s'en soûler jusqu'à la lie. Aussi vous le voyez radotant et divaguant, cherchant noise, voyant double et parlant à tort et à travers. Quand le sommeil aura dissipé son vin, ne rougira-t-il pas de ses sottises, de ses mensonges ? persistera-t-il à appeler Ensheim réformateur, et à faire planer sur Mendelssohn le même soupçon d'irréligion ?

54. Un regard en arrière sur la Moselle. Voyons-y encore Tsarphati raillant avec charité, avec délicatesse, sur de misérables indigents, qui ont eu le tort grave de parler avec embarras et incorrection il y a cinquante ou soixante ans !!! Il est vrai que tout le monde n'a pas, comme Tsarphati, le don d'une parole élégante et facile ; que tout le monde n'a pas sa verve d'épithètes et son abondance synonymique (exemple : Pur, beau, mélodieux, nerveux....).

55. Puis, admirez le bonheur de ses comparaisons ! Il assimile son vieux maître à *Vidocq ;* ses anciens camarades, des enfants de 6 à 7 ans, aux infâmes pris par *Vidocq ;* et leur langue à la langue hiéroglyphique de *Vidocq.* Puisque Vidocq y a, je voudrais bien savoir ce que cet homme t'a fait, Tsarphati, pour être ta bête noire et pour devenir sous ta plume un plastron de ridicule. S'il faut en croire la voix publique, Vidocq, par son argot, extirpait du champ social les mauvaises

graines qui étouffaient les bonnes, et toi, hostile et dangereux comme la ronce, tu es une de ces mauvaises graines ; Vidocq a été utile aux gens de bien, tu es nuisible à tous ; Vidocq avait sa place à remplir, et tu remplis toute la terre du venin de ta langue impure.

56. Eh bien, Tsarphati, apprends que moi aussi j'aime les comparaisons ; moi aussi j'ai cherché à droite et à gauche un type auquel je pusse dignement te rapporter, et j'ai trouvé.... Schinderhans.

57. Schinderhans, fameux chef de brigands, vivait, il y a une cinquantaine d'années, dans le département du Mont-Tonnerre. Ce héros était, en ruse et en adresse, d'une supériorité écrasante ; il savait se masquer, se déguiser, de façon à se rendre méconnaissable à tous. Un jour, du village d'Ottweiler arrive un juif, qui devait traverser le département pour se rendre au marché aux chevaux, dans le village de Simra. Il avait eu soin de nouer sa bourse autour de sa ceinture. Comme il passait de nuit, à cheval, sur la lisière d'un petit bois, voici venir Schinderhans qui lui crie : « — Arrête, Wolf ! où vas-tu ? — Je vais à la foire acheter des chevaux. — Vas-y, et fais ton emplette ; mais pour cette fois tu achèteras à crédit, car je vais te prendre ton cheval et ta bourse. Tu n'auras pas de peine à trouver du crédit, car tu es connu dans le pays. » — Wolf ne se le tient pas pour dit et s'épuise en prières et en supplications : Schinderhans le meurtrit de coups, dévalise son homme, lui prend son cheval et s'en va. Wolf retourne comme il peut dans son village et s'y fait guérir. Un mois après, il était assis à la table d'un cabaret à bière, lorsque l'inévitable Schinderhans y entra. Personne ne le reconnut, à l'exception du pauvre marchand de chevaux, qui n'avait garde de s'en vanter, et qui craignait de faire un esclandre. Schinderhans l'aperçoit, vient à lui et lui dit : « Gueux de juif (*gasten Jude*) ! pourquoi es-tu là à bouder sans boire ? Allons, qu'on apporte des cruchons, et faisons

bombance : c'est moi qui paie. » Voilà un des exploits de Schinderhans, dont tu es le digne rival. Car, depuis tantôt vingt ans, tu travailles avec ardeur à détruire chez nous toute religion, tout culte, tout rite et toute prière; tu veux enlever sa foi à la génération nouvelle, et aujourd'hui enfin tu veux nous décrier chez les gens comme si nous ne savions pas lire l'hébreu. Tu vaux un peu moins que Schinderhans, car lui, en échange d'une bourse, a payé un cruchon, et toi, Tsarpháti, au lieu de bien tu ne fais que du mal.

58. Tu nous apprends, — et l'écrit que j'analyse le prouve de reste, — que dès ton enfance le bruit et le *tintamarre* ont été ton plus grand plaisir. Jusque dans ta morose vieillesse, tu leur voues un culte de prédilection, les assaisonnant tantôt de perfidie et de mensonge, tantôt de vanité et de sottise, souvent des quatre ensemble. Ce qui te distingue particulièrement, et ce dont tu te piques surtout, c'est que ce bruit et ce tintamarre de mensonges que tu débites ont quelque chose de poli et d'élégant; c'est que tu mens avec correction, avec grâce. Et parce que tu possèdes cette qualité à un degré supérieur, tu te crois en droit de guerroyer à tout venant, de soulever des irritations, d'attiser des haines au sein de la concorde.

59. Et plus haut déjà, au 4e alinéa de ta lettre, tu as convoqué un grand sanhédrin de sages et de lettrés, pour jouer la farce devant eux aux dépens de ton maître, des amis de ton enfance, qui ne possédaient ni ton urbanité ni ton beau langage. Eh bien! moi aussi je voudrais que ces sages répondissent à ton appel, qu'ils se réunissent en assemblée; je m'inclinerais devant leurs éminences avec une profonde humilité, et je leur demanderais : Messeigneurs, lequel vaut mieux pour la société, un sot qui se tait, ou un sot bavard? — une langue qui bégaie, ou une langue incendiaire? Lequel est à préférer, un bon et simple artisan, un fendeur de

bois, un ouvrier occupé de son ouvrage, un marchand de sa marchandise, un batelier de sa barque, tous francs et ingénus dans leur patois grossier, — ou bien l'homme qui ment d'une manière fleurie et trompe grammaticalement ; l'homme doué, comme Nembrod, d'une parole décevante et corrosive, qui enveloppe dans des périodes sonores la ruine et la subversion ?

60. Apprends pourtant, Tsarphati, qu'à nous aussi la pureté dans le langage et la convenance dans les expressions sont recommandées partout, soit dans le Thalmud, soit dans l'Écriture-Sainte. Il y a plus de quatorze cents ans déjà que des Juifs, hommes de science et de labeur, consacraient de longues veilles à découvrir les lois de la langue hébraïque, les principes de sa syntaxe, ses procédés phraséologiques, et l'on ne t'a pas attendu pour cette œuvre, et l'on a très-bien pu se passer de toi. Encore faut-il reconnaître, et l'histoire l'atteste, que ce ne sont pas les beaux diseurs qu'on réclame au temps de la crise, et que les plus éloquents ne sont pas les plus experts à conjurer les orages. Orateurs et gens d'esprit ne sauvèrent pas Ninive de la catastrophe : qui donc la sauva ? « une multitude d'hommes qui ne distinguaient pas leur main droite de leur gauche, et un grand nombre de *bêtes!....* » *(a)*.

61. Après avoir lâché sa bordée d'injures, d'extravagances et d'infamies sur les rives de la Moselle, Tsarphati s'arrêta un instant, réfléchit, et s'aperçut qu'il avait oublié de faire figurer, parmi ses plates bouffonneries, son vénérable maître R. Israel. Aussitôt il reprend sa quincaille, et recommence de plus belle ses sauts et ses gambades, tenant d'une main sa cornemuse, de l'autre un grand verre de fiel qu'il répand sur son maître, déchire ce dernier à belles dents comme un *pourceau* vorace, — le tout avec beaucoup de propreté et de correction.

(a) Voyez Jonas, dont le dernier passage est extrait. (*Note du trad.*)

62. Et en sautant et en gambadant, il parlait ainsi : « J'ai souvenance aussi d'un certain maître nommé *Rabbi* « *Israel,* et surnommé *Chazio*....... » J'ai honte, je l'avoue, je rougis à mes propres yeux d'être forcé de transcrire les odieux sarcasmes, les indignes imputations d'un Tsarphati ; car, après tout, c'est un animal à deux pieds, et il ne faut pas déshonorer l'espèce ; il me répugne d'ailleurs d'introduire R. Israel au milieu de toute cette fange.

63. Je te demanderai seulement, écrivain disert, et te prierai de me dire ce que signifie *Chazio*, et à quel idiôme tu as emprunté ce mot, si ce n'est à l'*argot* des Schinderhans ? Écoute pourtant le véridique oracle consigné dans l'Écriture (a) : « Quand l'Éternel agrée les voies d'un homme, il force ses ennemis mêmes à le respecter. » Donc, Tsarphati se préparant à tracer ce mot, je ne sais quel malin génie s'est glissé du fond de l'abîme et a paralysé ses doigts pendant une seconde ; d'où est résulté *Chazio*. — Mais, quoi qu'il en soit, comment un misérable tel que Tsarphati s'arroge-t-il le droit de blasonner des noms, de les interpréter, de les livrer à l'infamie, lorsque dans Méroz tout respire l'infamie ?

64. J'ai parlé, dans mes réflexions préliminaires, du beau caractère de R. Israel, de ses vertus candides, de son honnête simplicité ; j'ai dit aussi combien il était fier de porter le nom de Hhézir, illustré par le pontife, chef de sa famille. Quelques-uns de ses contemporains, ignorant cette circonstance historique, croyaient que ce nom n'était qu'un sobriquet, dû à l'habitude qu'il avait de répéter à ses élèves : « *Hhazór, hhazór !* repassez, repassez* vos études ! *repassez* bien, *repassez* toujours, pour ne pas oublier ! » — Mais ceux-là s'entendaient aussi peu que toi, Tsarphati, à distinguer la

____

(a) Prov.

forme grammaticale du mot ; et d'ailleurs, illustre hébraïsant, où as-tu pris ce C que tu y places en tête ?....
Eh bien ! cette énigme encore, je veux la résoudre.
Tu avais mal traduit et mal commenté le Col-Nidré ;
c'est pour consacrer ce mensonge que tu as écrit un *C.*
Pense-s-y, et tu me donneras raison.

65. Et quand nous t'accorderions (pour complaire à ta folie) que ce sobriquet venait de l'animal appelé *Hhazir ;* eh bien ! radoteur, qu'est-ce que cela prouve ? Serait-ce que ce nom accuse l'ordure et la malpropreté ? Mais Thomas a répondu depuis longtemps au roi don Alphonse, « que les oies, les coqs et autres oiseaux *pataugeurs* sont encore plus sales et plus orduriers que le pourceau, car ils vivent continuellement sur les fumiers et se repaissent d'insectes, de vermisseaux et de vase ; ce qui n'empêche pas que les Juifs allemands ne comptent une foule de familles *Gans* (a), de familles *Schwan* (b), de familles *Hahn* (c)..... » Serait-ce que le pourceau nous est défendu ? Mais le chameau est, comme lui, un animal immonde ; et le père d'un grand-prêtre illustre dans nos annales portait le nom du chameau. La chair du lièvre est également prohibée, et maintes familles, en Allemagne et en France, s'appellent *Haas* (d). Nous nous abstenons de même de manger du *Schâphan'* (e), et plus d'un personnage distingué, dont la Bible consacre la mémoire, se nommait ainsi. Beaucoup d'historiens citent un grand capitaine qui fut tué sous les murs de Rome lorsque Dioclétien marcha sur cette ville, et dont le nom aussi était synonyme à *pourceau.* D'autres nous apprennent que Cyrus, roi de Perse, était surnommé *le Grand Chien,* et que le mot *Cyrus* lui-même, en langue perse, n'a pas d'autre sens.

(a) Mot allemand, *oie.* — (b) Idem, *cygne.* — (c) Idem, *coq.*
(d) *Hase* est le nom allemand du lièvre.
(e) Nom hébreu du lapin.

66. A présent, ô Tsarphati, vois quel rôle ignoble tu as joué en te piquant, d'un côté, d'une élocution pure et châtiée, et en t'égayant de l'autre sur le compte d'hommes vertueux que la tombe recouvre. S'ils vivaient encore, ces hommes, j'ose l'affirmer, ils te regarderaient avec dédain ; ils ne feraient pas plus état de tes clabauderies que du jappement des roquets qui courent après toutes les voitures, fût-ce la voiture du Roi. Toutefois, puisque tu te prends à gloser sur les noms propres et que ce jeu te plaît, je vais te servir dans ton goût. J'analyserai ton propre nom, pour voir s'il te convient ; s'il est digne de t'appartenir, et si tu mérites de le porter.

67. Or, je ne m'amuserai pas à l'éplucher de la tête aux pieds ; déjà précédemment, au 4e alinéa, je l'ai mis en pièces et en quartiers. Je n'y ai laissé d'intact que la dernière lettre, le yod, dont tu as enjolivé ledit nom : mais celle-là aussi je prétends te la subtiliser, te la soutirer comme le reste, et voici comme j'opère :

68. La lettre yod, on le sait, est par excellence en hébreu la lettre patronymique ; elle désigne l'extraction, eu égard, soit au peuple, à la famille, à la caste ; soit au lieu natal, à la patrie, à l'état. C'est ainsi que le mot hébreu *çar'phatti* se traduit *français*.

69. Nous connaissons une multitude d'hommes distingués par des qualités éminentes, quelques-uns célèbres par leurs ouvrages, et qui ont ajouté à leurs noms l'épithète Çarphatti. Tels sont : Vidal Çarphatti, Aaron Çarphatti, Isaac Çarphatti, et beaucoup d'autres docteurs. La plupart appartenaient à ces familles juives que des proscriptions réitérées poussèrent de la France sur tous les points du globe, il y a quatre à cinq siècles. Le doux souvenir de la patrie les poursuivait dans l'exil, et la filiale épithète de *Çarphatti* consacrait ce souvenir.

70. Or, tout cela est bel et bon *extrà muros*, sur la rive étrangère ; mais signer *Tsarphati* en France, s'accoler le nom de français au cœur même de la patrie, on

ne s'en était pas encore avisé. Le bon goût et l'usage le réprouvent également. — Supprime donc le yod ; — le yod ne te convient pas ; — le yod n'est pas fait pour toi.

71. Mais je vais plus loin ; et quand même tu quitterais ta patrie, quand tu émigrerais à l'étranger, je te défendrais d'usurper ce beau nom. Le Français, de tout temps, fut un peuple aux mœurs franches et loyales, au caractère généreux et ouvert ; et toi qui ne respires que la fourberie, qui ne te complais que dans l'imposture, tu ne dois pas plus être fier d'appartenir à la France que la France ne l'est de te posséder. — Donc le yod ne te convient pas ; — donc le yod n'est pas fait pour toi ; — donc supprime le yod.

72. A la fin de l'alinéa, Tsarphati fait appel à je ne sais quels tribunaux, pour « juger de l'ordre et « de la propreté qui régnaient, » il y a cinquante et soixante ans, dans les écoles juives. Nous verrons si ces tribunaux, pour asseoir leur jugement, se borneront à lire les assertions diffamatoires, mensongères, calomnieuses, émises à cet égard par Tsarphati. Si ces arbitres auxquels il s'en réfère sont intègres, consciencieux, impartiaux, je ne doute pas qu'ils n'interrogent à son tour la partie adverse de Tsarphati pour savoir si elle n'a rien à répondre. Et comme en ce jour je prétends me constituer l'adversaire de cet homme, je l'interpelle d'abord de m'expliquer ce qu'il entend par ce mot, *propreté*. Nous en distinguons en effet plusieurs espèces. Il y a — la propreté du corps, et celle de l'âme ; — la propreté de *convenance*, admise par tous et consacrée par la raison, — la propreté de *convention*, inaccessible au raisonnement et qui appartient tout entière à la foi (*a*). A cet égard, je réserve à quelqu'un une ample

---

(*a*) C'est ce qu'on appelle proprement la *pureté*. Telles sont la plupart des ablutions religieuses, l'abstinence de certains aliments, etc. (*Note du trad.*)

dissertation sur la *propreté* et sur l'*ordre,* laquelle je veux ajourner pour une autre fois. — Au fait, comme Tsarphati n'est qu'un vieux morceau de brique, détaché des plâtras de la tour de Babel, je suppose qu'il entend parler de la pureté du langage, de la justesse et de la propriété des termes : car, dans sa démence bouffonne, dans son grotesque délire, ce sont des idées qu'il est sujet à confondre. De tous ces ingrédients mixtionnés, pureté physique, pureté religieuse, pureté de diction, il se manipule je ne sais quelle drogue nauséabonde, — et voilà la PROPRETÉ tsarphatique ; et quant à l'ORDRE, le sien consiste à arranger, à agencer, à combiner le tout artistement, avec poids, nombre et mesure. Car cet homme a des mesures pour la supercherie et la fraude ; il a des poids pour la vanité et la sottise ; il a des nombres pour la ruse et la duplicité. Puis, saupoudrant et assaisonnant le tout d'absurdités, il nous jette sa poudre aux yeux, fascine les uns, égare les autres, les fait errer dans ses détours, ou trébucher dans ses piéges. Que diront-ils, les juges appelés à prononcer sur une telle *propreté*, sur un *ordre* pareil ? « Assez, assez, Tsarphati ! pourquoi t'ingérer de nous parler propreté, quand Méroz est tout ordure et corruption ? pourquoi nous prêcher l'ordre, quand Méroz respire l'atmosphère de la discorde et de la mort ?.... »

CHAPITRE VII.

7e Alinéa.

« L'histoire de ces institutions mortes n'est pas sans instruc-
« tion. Mes jeunes co-religionnaires, citoyens aujourd'hui,
« peuvent y apprendre quelle était l'éducation première avant 89,
« quel était le point de départ du jeune juif Ensheim : nous
« verrons ensuite jusqu'où il est parvenu. Pour juger de l'éten-
« due d'une course, il faut en connaître les deux extrémités. »

EXAMEN.

1. Enfin donc, voilà notre homme *à l'extrémité*. Aussi se hâte-t-il d'annoncer ses dernières volontés à ses « jeunes co-religionnaires » (qui sont ces Messieurs? je l'ignore), les avertissant de ne pas dédaigner sa précieuse lettre; car elle sera loin d'être pour eux sans instruction, sans utilité, sans valeur, ne servît-elle qu'à leur faire apprécier la différence qui sépare les institutions antérieures à 89 des institutions postérieures. Tsarphati, je l'avoue; entre ces deux systèmes d'enseignement la distance est large, si large qu'elle a suffi pour nous faire oublier jusqu'à la défense d'oublier (*a*), défense dont tout le Deutéronome est rempli. Oui, c'est bien là l'*instruction* et l'utilité de tes écrits, comme l'espérance de leur auteur; notre Loi, dans une de ses traditions héréditaires (*b*), nous a dit : « Si

---

(*a*) Il est question ici de l'oubli de la religion et du culte, soit dans ses principes dogmatiques, soit dans ses formes matérielles. (*Note du trad.*)

(*b*) En hébreu, *Meghillath-Sethârim*, espèce de légendes qui passaient du père au fils, ou du maître à l'élève, et qui servaient en quelque sorte d'appendices à la Loi écrite et au Thalmud. Ce dernier ouvrage en parle plusieurs fois, entr'autres à l'occasion du passage cité ici, et que reproduisait encore un des livres sapientiaux, dont le texte s'est perdu. (*Note du trad.*)

un seul jour tu m'abandonnes , je t'abandonnerai
deux jours, » et voilà qu'un jour, et deux jours, et
bien des jours encore se sont écoulés dans l'oubli de
la Loi, comme dit Azarias-ben-Hodèd dans le livre
des Chroniques. — Mais nous traiterons cet objet un
autre jour.

2. Ce n'est pas non plus chose peu plaisante que
les façons de parler du sieur Tsarphati. A l'entendre
prôner son année 89, ne dirait-on pas que c'est lui
qui l'a faite, créée et procréée? qu'il a la puissance
de commander au temps et de régenter les siècles;
de couler à fond les antiques monarchies et de leur
en substituer de nouvelles? Peut-être ces facultés su-
blimes, — le don de prévoir ces grands événements et
celui de les opérer, — lui furent-elles un jour infusées
du haut de l'astre Méroz, au moyen des entonnoirs
qui le mettent en communication avec notre plánète.
Or, comment un tel homme ne culbuterait-il pas facilement une chétive religion? et Messieurs « ses co-
religionnaires » ne seraient-ils pas des malavisés, de
refuser quelque chose à un homme qui les a dotés de
l'année 89, ère de bonheur et de liberté pour le monde?

3. Apprenons donc aux jeunes co-religionnaires de
Tsarphati que l'année 89 sonna, et que beaucoup d'années la suivirent, avant que Tsarphati prît possession
de son royaume de Méroz. Et une longue période s'accomplit, avant que « l'ambition de son cœur et la
cynique audace de son esprit le bannissent de la société
des hommes (a). » Pour de plus amples détails, voir
le chapitre VI.

4. M'étant mis à supputer le nombre des mensonges
et des impostures accumulées par Tsarphati dans cette
seule lettre, j'en ai trouvé TRENTE, toutes grosses,

(a) Verset de Daniel, appliqué à Nabuchodonosor, dont on connaît
l'étrange métamorphose. (*Note du trad.*)

grasses, plantureuses, bien conditionnées, et toutes filles de cette fontaine ACHZAB (*a*) qu'il fit sourdre de terre lorsqu'il eut quitté l'école de R. Israel. Eh bien! cette ribambelle de mensonges ne suffisait pas encore à son appétit, puisqu'il y en a ajouté un nouveau, à savoir sur l'année 89. En effet, si on l'en croit, cette année aurait été, pour nous, le point de départ d'une réforme légale dans l'enseignement de la jeunesse; et rien n'est plus faux. Est-ce que les autorités législatives avaient à s'enquérir de notre système d'enseignement? Est-ce que la société, est-ce que l'État en sont mieux lotis, si l'on défend à un homme d'étudier ce qu'il veut, ce qu'il doit étudier? Pour moi, quand à mon retour d'Allemagne, en 1801, je vins à Metz, j'y retrouvai l'enseignement, écoles et systèmes, dans le même état où je l'avais toujours vu; si ce n'est que les rétributions, payées autrefois par la communauté, se trouvaient actuellement à la charge des parents des élèves. Que si Tsarphati le désire, je lui dirai, moi, en quelle année les études juives ont subi une réforme; bien plus, je lui apprendrai le nom des réformateurs, qui ont changé et brouillé tout l'ordre des choses. Nous en causerons plus tard. En attendant, la somme des mensonges tsarphatiques (somme que, du reste, j'aurais pu facilement grossir) s'élève à 31, preuve « qu'il s'attache aux paroles de NÉANT (*b*). »

5. Toujours est-il, je le confesse, qu'une révolution grave a frappé l'enseignement de la jeunesse israélite. Tous ceux qui sont versés dans notre histoire reli-

---

(*a*) Allusion au passage qui termine le chapitre **IV**. Nous n'exprimerions pas toute la pensée de l'auteur, si nous ne faisions observer que les quatre lettres qui forment le mot hébreu *achzâb* présentent, réunies, la valeur numérique de 30. (*Note du trad.*)

(*b*) Verset du livre des Proverbes. Le dernier mot se dit en hébreu *lô*, et celui-ci a pour valeur numérique 31. (*Note du trad.*)

gieuse, savent que notre premier système d'éducation
fut établi par Josué-ben-Noun et ses collègues ; que,
du temps d'Esdras et de ses collègues, ce système
avait acquis une grande extension, et que ben-Gamla ,
le grand-prêtre, et ses collègues, achevèrent de le
perfectionner. Au surplus, le programme de cette
éducation, ses principes, son objet, ses résultats, la
manière de l'appliquer, les conditions requises dans
les maîtres et dans les élèves, — tout cela se trouve
développé dans Maïmonide, section *thalmoud-thôrah.*

6. Ainsi se poursuivait cette doctrine à travers les
siècles, avec ses phases diverses de progrès et de
décadence, en raison du plus ou du moins de vocation de ceux qui la professaient, du plus ou du moins
de bénédictions que la Providence accordait à leurs
efforts. Enfin, Israel-Cohén-Hhêzir mourut. En même
temps Tsarphati s'installait dans le royaume de Méroz,
et faisait publier et imprimer dans tous ses états cette
proclamation : « VIVE LE SIÈCLE ! A BAS LE PATOIS ! »
Et au moyen de ces paroles hurlées à son de trompe,
et corroborées de deux ou trois chiens d'arrêt dressés
contre les Patois et pour le Siècle, avides de trésors
et de jouissances, il parvint à attraper force renards,
de méchants renards ma foi ! et les accouplant queue
à queue, avec des torches entre-deux, il envoya paître
cette renardaille à travers champs, et l'on vit beau
jeu alors (*a*) !... Ainsi se constitua le nouveau système ,
le système tsarphatique.

7. Que si vous voulez prononcer sur les deux systèmes et les apprécier par leurs résultats respectifs,
conformez-vous au précepte de la Loi (*b*) : « Interroge
ton père et il te répondra, tes aïeux et ils te l'ap-
prendront. » Jetez les yeux sur notre histoire, et vous

(*a*) Ces dernières lignes font allusion à l'un des exploits de Samson (Juges).
(*Note du trad.*) — (*b*) Deutér.

trouverez une complète solution à vos doutes. Si les recherches historiques ne vous sont pas loisibles, lisez l'alinéa 5e de cette lettre; vous y verrez que l'an 1839, sous l'empire du nouveau système, Tsarphati écrivait de sa main ces propres mots : « Il n'existe pas un « seul israélite, à Metz, qui sache lire la langue sacrée « correctement. » Et quoiqu'ici encore il lâche une imposture des plus énormes, toujours est-ce là son but et son espoir, le terme et le résultat de son système.

8. Maintenant, comme le prophète Jérémie nous a dit à cet égard : « Enquérez-vous, parmi les Gentils, si l'on a entendu de pareilles choses...., » je veux conter à mes frères et à tous ceux qui lisent ces pages, les paroles qu'adressa un illustre savant, Nicolas de Valence, à don Pédro le Vieux, roi d'Espagne. Nicolas, devisant avec don Pédro, lui parlait avec enthousiasme d'un écrit d'une certaine étendue, composé jadis par un orateur juif, et dont le style, aussi pur qu'éloquent, l'avait tellement charmé qu'il s'était mis à le traduire du latin en hébreu. Le roi lui ordonna d'apporter cet ouvrage. Nicolas obéit, et lui en donna lecture. Lorsqu'il eut terminé : « Vous m'avez autant surpris qu'enchanté, dit le monarque. Les Juifs aussi, je le vois, connaissent les trésors de l'éloquence et le charme d'une belle diction. — Les Juifs, répondit le savant, ont été les premiers orateurs, parce que la Bible, nourriture de leur enfance, est un foyer d'éloquence et de poésie. » Et Nicolas appuya sa thèse par d'abondantes citations, et il déploya tout ce luxe de richesses poétiques et oratoires qu'offre à profusion la Sainte-Écriture.

9. Contemplez, à côté de cela, un Tsarphati qui se démène contre toute la terre habitable ! qui traite de *patois* toute parole, tout langage qui ne sont pas les siens ; d'*argot ignoble* tout écrit qui n'est pas lardé, comme sa lettre, d'atrocités et de blasphèmes ! Eh !

qui possède le monopole des beautés de la langue, — si ce n'est Tsarphati? Pour qui les grands écrivains de la France ont-ils été si jaloux d'embellir et de perfectionner leur idiôme, — sinon pour Tsarphati? Glorieux des longues veilles que ces écrivains lui ont exclusivement consacrées, se targuant, aux yeux des Juifs, d'une si haute faveur, il leur impose ses lettres horribles, scandaleuses, révoltantes, vernissées de la poterie oratoire sus-mentionnée, qu'il a déterrée du fond des abîmes et fourrée dans sa cornemuse pour accompagner ses danses sataniques et ses contorsions de damné, dans la Vallée-des-Morts ;

10. Et voici ses paroles : « Oubliez le passé, et ne songez plus aux choses d'autrefois; car tout est patois. Ce siècle ne ressemble pas aux siècles précédents : il est le siècle de Tsarphati, le siècle de l'élégance et du beau parler. Mes frères, sevrez vos enfants des études religieuses, faites-leur sucer les principes tsarphatiques ; renoncez tous aux doctrines paternelles, et dédaignez les leçons d'une mère.... » Il a raison : cette mère (a) est trop vieille pour imposer à un gaillard comme Tsarphati, philosophe profond et correct écrivain, le roi des mensonges fleuris, des petites noirceurs anodines, des calomnies fines et délicates. Non, tous les magiciens de Pharaon, tous les devins et tous les sorciers de Nabuchodonosor, n'ont pas été aussi experts que lui à fasciner l'homme par les charmes de la parole. Par sa parole, il éclipse le soleil en plein midi, et au milieu de la nuit fait rayonner les nuages ; par elle, il affaisse la Vérité jusqu'en terre, et fait grandir et surgir l'Imposture jusqu'au sommet de la tour Mérozienne. Non, cet homme n'eut jamais son pareil, il ne l'aura jamais !

(a) La Religion.

11. Telle a été constamment la tactique des précurseurs de Tsarphati ; de ces hommes qui, comme lui, « sortis de nos entrailles, furent nos ennemis et nos bourreaux (a). » (J'en ai cité un certain nombre au chapitre III.) En effet, désireux qu'ils étaient de gagner à la fois plaisir et profit, quand ils voyaient l'occasion leur sourire, ils venaient en douceur livrer l'assaut à leurs frères les Juifs, soit par la ruse, soit par la violence. De gré ou de force, par la sape ou par la bombe, ils déterminaient les Juifs à faire à leur religion des brèches plus ou moins graves. Messieurs de la sape, les insinuants, entamaient les petites brèches ; Messieurs de la bombe, les sabreurs, entreprenaient les grosses. Et les uns et les autres, par toutes ces manœuvres, espéraient capter les bonnes grâces des nationaux, et parvenir à une charge, à un pouvoir quelconque, petit ou grand, n'importe ! — Mais comment tous ces hommes ont-ils fini ? ils sont tombés, et ont entraîné leurs séides avec eux ; ils se sont éparpillés, et ont misérablement péri.

12. Quant à Tsarphati, il prend pour texte de ses chicanes « le langage et le siècle, » et, armé de ce double talisman, il apostrophe les Israélites en ces termes : « Tout ce qui a jamais été dit, cité, écrit, « transcrit depuis que le monde est monde jusqu'au « siècle dont Tsarphati est le héros, — tout est pur « patois. » C'est pourquoi il a écrit en très-bon français une lettre horrible contre R. Israel mon défunt parent, et contre tout l'ancien régime.

13. Que si j'objectais à Tsarphati cette parole d'un sage : « Ne regarde pas au vase mais à ce qu'il renferme ; » si je lui faisais observer que son *vase*, à lui, ne renferme qu'impureté, fiel et poison, Tsarphati me

____

(a) Isaïe.

répondrait : « Cette parole est dans le Thalmud, ēt le Thalmud est du patois (*a*). »

14. Je poursuis, et je lui demande : « Pourquoi donc un roi de Perse demanda-t-il à Rab-Aschi (*b*) de lui traduire tout le Thalmud en langue persane ? pourquoi Alhakem, roi d'Ismael (*c*), pria-t-il ben-Stanas de lui expliquer toute la Ghemare en langue arabe ? — Le roi de Perse et le roi d'Ismael, me répondra Tsarphati, ont parlé patois. »

15. « Mais, continué-je, notre Mischna tout entière ; mais notre Rituel, mais les ouvrages du grand Maïmonide, une foule de traités thalmudiques, d'ouvrages de science, de morale et de poésie, ont été traduits vingt fois dans vingt langues ; mais Nicolas, mais tous les savants qui l'ont précédé et suivi, chrétiens et mahométans, ont rendu hommage et justice à nos saints livres, pour la vérité et la morale des pensées, pour la noblesse et la beauté du style ! — *La vérité et la morale !* me répondra mon homme, je ne vous comprends pas ; pour *la noblesse et la beauté*, à la bonne

---

(*a*) Le Thalmud * est une *Vallée-de-Nivellement* **, en ce qu'il concilie toutes les traditions partielles qui constituent la Loi orale. Ce grand ouvrage a été compilé à Babylone, où affluaient, dans de nombreuses écoles, des docteurs et des disciples venus de tous les coins de la terre, de Syrie, d'Assyrie, d'Antioche, de la Perse, de la Médie, de la Grèce, de l'Arabie, de l'Égypte, de l'Archipel...... Or, un grand principe dans la tradition orale, c'est de conserver scrupuleusement le texte des citations dans toute sa teneur originale, afin qu'il n'y ait pas prise à l'erreur. De là la bigarrure de dialectes qu'on remarque dans le Thalmud ; bigarrure consciencieuse, comme on voit. Bien différente est la Mischna, œuvre de Rabbénou-Hakkadosch ***. Compilée dans la Palestine, où tous les théologiens, maîtres et élèves, s'exprimaient correctement, elle offre dans toute sa rédaction l'hébreu le plus pur. (*Note de l'auteur.*)

(*b*) L'un des compilateurs de la Ghemare. (*Note du trad.*)

(*c*) Calife des Maures. (*Id.*)

* L'auteur se sert ici de la dénomination vulgaire. Le mot propre est Ghemare. La Mischna et la Ghemare, réunies, composent le Thalmud. (*Note du trad.*)

** Dénomination géographique, tirée de la Genèse. L'auteur fait ici une double allusion, à la profondeur logique du Thalmud, et à sa *destination* qu'il indique lui-même. (*Id.*)

*** R. Juda *le saint*, que les Juifs, par antonomase, appellent aussi *Rabbi* tout court. (*Id.*)

heure, voilà des qualités qui m'appartiennent sans conteste, car ma mère me les a transmises avec la vie. Et pourtant, réflexion faite, la pureté de ma diction est supérieure à tout cela. »

— Enfin je suis à bout. Vaincu et convaincu, voyant que Tsarphati s'obstine à rechercher non pas la vérité, mais le succès de ses idées personnelles, et que toute discussion avec cet homme aboutit au scandale ou au ridicule, jamais au bien, — en désespoir de cause j'invoquerai une dernière autorité, la noble *fille du roi de Sidon* (*a*) : peut-être aura-t-il quelque égard pour si haute et si puissante dame ; peut-être, comme elle, rendra-t-il hommage à des paroles de vérité et de justice.

16. (*b*) ALÊNOU LESCHABBÉAHH — Nous devons nous féliciter du noble aveu de la fille du roi de Sidon : malgré son habileté dans la langue, malgré ses nombreuses prouesses, cette princesse elle-même, en propre personne, de sa bouche et de sa langue, daigna rendre un éclatant et public hommage aux paroles du psaume LXVIII (*c*), et justifier sa poésie si grandiose et si solennelle, et si consolante pour la maison d'Israel !...

17. AL-KÊN NEQAVVEH — Espérons donc que Tsarphat aura quelque déférence pour la fille d'un Roi ; qu'à son exemple il fera amende honorable à ce beau psaume, si glorieux à la maison d'Israel. Après, quand il aura chanté la palinodie, il se retirera tout doucement, et évacuera la synagogue.

(*a*) La fameuse Jézabel, dont on connaît la fin tragique. (*Note du trad.*)

(*b*) Les premiers mots des alinéa 16 et 17 sont les mots saillants de la formule qui termine toutes les prières synagogales des Juifs. On comprend l'à-propos de cette imitation. Quant au sens de ces deux alinéa en eux-mêmes, il semble assez énigmatique ; mais il se rattache à un fait qui en donne la clef, et que l'auteur suppose bien connu de son antagoniste. (*Note du trad.*)

(*c*) Verset 24. (*Note du trad.*)

CONCLUSION.

Mensonge et Misère.

A la veille du déluge, lorsque toutes les créatures vivantes vinrent, par couples, se réfugier dans l'Arche préservatrice, le mensonge se glissa dans la foule et tâcha d'entrer comme les autres. Noé l'aperçoit : « Halte-là, ô Mensonge ! tu es seul, tu n'as pas de compagne, tu n'entreras pas ; car il m'a été dit : *Un couple de chaque espèce.* » Le Mensonge s'en allait tout penaud, lorsqu'il rencontre la Misère, qui lui demande : « D'où viens-tu, frère ? où vas-tu ? — Ah, ma sœur Misère ! que tu arrives à propos ! Isolé, errant et fugitif sur la terre, je brûlais de t'épouser : depuis mille six cent cinquante-six ans je te cherche, et ne t'avais pas encore trouvée (*a*). Puisqu'enfin te voilà, sœur très-chère, écoute-moi. Sois ma compagne, mon épouse, associe ton sort au mien, et nous pourrons entrer dans la bienheureuse Arche. — Et que me donneras-tu en retour ? — Tous les trésors que je gagnerai seront pour toi : consens seulement à m'épouser. » La Misère consentit, lui donna sa main, et ils furent mari et femme. Depuis ce temps-là, ils obéissent scrupuleusement au pacte : ce que Mensonge a thésaurisé, Misère s'en empare. C'est

___

(*a*) *Voy.* discours VIIe et VIIIe de Job. *Voy.* aussi le Midrasch *Schôhhèr-Tôb*, psaume VII, où se trouve la substance de cet apologue. (*Note de l'auteur.*)

ce que rappelle la conclusion du psaume : « VOIS ! IL CONÇOIT LE CRIME, PORTE DANS SES FLANCS L'INFAMIE, ET ENFANTE LE MENSONGE. — IL CREUSE UNE FOSSE PROFONDE, MAIS IL Y TOMBERA. — SON LABEUR TOURNERA CONTRE LUI-MÊME, ET SON INIQUITÉ RETOMBERA SUR SA TÊTE. — JE PROCLAMERAI LA JUSTICE DE L'ÉTERNEL, ET JE GLORIFIERAI LE NOM DU DIEU SUPRÊME. »

FIN.

ERRATA.

Page 3, ligne 14, *au lieu de* Tselaph'hhad, *lisez* Celaph'hhad.
— 12, — 16, *après* sans doute, *effacez* la virgule.
— 18, — 18, *après* Loi, *mettez* une virgule.
— 28, — 23, *au lieu de* Çàar-, *lisez* Çàra-.
— 48, — 34, *au lieu de* Idem, *lisez* Ibid.

METZ. IMP. DE HUMBERT, PLACE CHAPPÉ.